調査報告・提言書

未来ひょうご
すべての子どもが輝くために
― 高校への外国人等の特別入学枠設置を求めて ―

外国人の子どもの未来を拓く教育プロジェクト

ブックウェイ

発行にあたって

2014年1月、兵庫県内の大学教員が中心となって外国人にルーツをもつ「ニューカマー」の子どもたちの進路、特に高校進学等の実態・課題調査等の研究を行う今プロジェクト（「兵庫の外国人の子どもの未来を拓く教育プロジェクト」）が発足した。

兵庫県内で活動するボランティアの地域学習支援者は「ニューカマー」生徒に全日制高校進学者が少ないこと、他府県で実施されているような「特別入学枠」制度がないことに疑問を持ち、子どもたちが夢のある進路選択をできるように現行制度の改善を願っていた。この現状を知った「ニューカマー」の子どもに進路について関心を持っていた研究者が呼びかけで集まり、今研究チームを結成した。

1980年代以降、日本は外国人急増の時代となった。外国人が居住する地域が増え、自治体では「日本国籍者に限る」という制限を撤廃し、福祉や住民サービスの改善、日本語学習支援などを始めた。兵庫県では1995年以降「外国人県民」の位置づけを始めた。学校にも日本語を母語としない子どもが多く在籍するようになり、兵庫県でも日本語学習支援をする「サポーター」等を学校に派遣するようになった。

しかし、日本語を母語としない子どもにとっては、日本の学校での勉強は難しく、高校入試は壁となり、進学率の低さが指摘されてきた。日本語理解が不十分な生徒への「公平措置」としての「特別入学枠の導入」は海外帰国生徒に続いて、中国帰国者の子どもに適用された（1980年代後半より東京都から始まり、各地に広がる）。この制度は、今日では16以上の都府県で実施され、日系人や国際結婚等の「ニューカマー」生徒にも適用されている。兵庫県でも1990年代初めに地域学習支援団体や中学校は「特別入学枠」を要望していた。2002年には「外国人の子どもに関する教育将来構想検討委員会」が調査研究を行い、「入試特別措置（特別入学枠）」設置等を提言している。また、この間、兵庫県議会でも議員の質問・要望が行われ、教職員組合や市民団体等も「特別入学枠」導入を要望している。しかし、兵庫県では2000年の「ルビ付き等」からの進展はない。

当プロジェクトは1月より毎月定例会をもち、関心を持つ分野の調査報告や、外部講師を招いた学習会のほか、県内3地域で中間発表と意見交流の場として「中間報告会」を実施した。また、兵庫県自治学会研究発表会や、兵庫県議会の超党派議員有志学習会、兵庫県在日外国人教育研究集会で報告の機会をいただいた。ほか、兵庫県知事公室長や県教育次長にもプロジェクト趣旨説明を行う機会も持てた。

約一年にわたるこのような活動をまとめたものが本報告書である。冒頭には改善すべき高校入試制度内容を「提言」としてまとめた。

最後に、データ提供等の協力をいただいた関係府県教育委員会、兵庫県・県教育委員会、神戸市・姫路市教育委員会、外国人集住都市会議、奈良県外国人教育研究会、NPOおおさかこども多文化センター、地域学習支援団体等に感謝申し上げる。

なお、この研究は公益財団法人 日本教育公務員弘済会の研究助成事業として実施した。

2015年1月　　プロジェクト呼びかけ人代表　　辻本　久夫

目次

提言　コラム

外国人の子どもの教育、高校入試制度にかかわる提言……………………………… 4

コ　ラ　ム　－本報告での用語について－ ……………………………………… 6

第1部　外国人の増加と教育課題 ……………………………………………… 9

第1章　外国人の定住化と教育—外国人と日本人の子どもが一緒に築く未来－………10
   (1)　わが国における定住外国人の増加と子どもたちの教育 …………………………10
   (2)　外国人集住都市における外国人生徒の高校進学と就労の実態 …………………12

第2章　外国人の子どもの進学を阻害する要因………………………………………15
   (1)　外国人生徒の高校進学の推移 ……………………………………………………15
   (2)　外国人生徒の進学を阻害する要因とは …………………………………………16
   (3)　教育継続が可能となる教育システムの構築に向けて …………………………16

第3章　2000年以降の多文化共生をめぐる主な国と兵庫県の政策動向 …………18
   (1)　「出入国管理政策」から「多文化共生政策」への転換 ………………………18
   (2)　2000年以降の外国人児童生徒をめぐる文科省の施策・指針 …………………18
   (3)　兵庫県の外国人児童生徒への教育施策の経緯 …………………………………19
   (4)　まとめ ………………………………………………………………………………20

第2部　高校進学（外国人の進路）に関する調査で判明したこと ………………21

第1章　兵庫県の現状………………………………………………………………………22
   (1)　外国人生徒の高校進学 ……………………………………………………………22
   (2)　兵庫県の高校入試・編入制度 ……………………………………………………25
   (3)　県立芦屋国際中等教育学校の「特別枠」導入と現状 …………………………27
   (4)　兵庫県の外国人の子どもの現状 …………………………………………………28

第2章　外国人生徒に対する入試配慮の全国的状況 ………………………………33
   (1)　はじめに ……………………………………………………………………………33
   (2)　特別措置 ……………………………………………………………………………34
   (3)　特別入学枠 …………………………………………………………………………34
   (4)　おわりに ……………………………………………………………………………37

第3章　他府県の取り組み………………………………………………………………38
   (1)　奈良県 ………………………………………………………………………………38
   (2)　大阪府 ………………………………………………………………………………40

第4章　子どもたちを支援する教育行政の取り組み…………………………………42
   (1)　はじめに ……………………………………………………………………………42
   (2)　子ども多文化共生サポーター派遣事業について ………………………………43
   (3)　就学支援ガイダンスの重要性 ……………………………………………………44

第5章　地域の支援………………………………………………………………………46
   (1)　日本語・教科学習支援 ……………………………………………………………46
       はじめに ………………………………………………………………………46
       兵庫県山間部地域、丹波市の日本語学習・子ども学習支援教室「こんにちは」 …… 47
       神戸市東灘区での子ども学習支援教室「こうべ子どもにこにこ会」 ………………48
       芦屋での日本語学習・子ども学習支援教室「こくさいひろば芦屋」 ………………49

KFC（特定非営利活動法人　神戸定住外国人支援センター）………………………… 50

姫路市内での子ども学習支援教室「城東町補習教室」…………………………… 51

(2) 高校進学後の支援（NPO 奨学金）………………………………………………… 52

(3) 母語教育支援 ……………………………………………………………………… 55

はじめに ………………………………………………………………………… 55

在日コリアン児童支援・オリニソダン ……………………………………… 56

ベトナム人児童支援・ホアマイ教室 ………………………………………… 57

中国帰国児童支援　童童（とんとん）教室 ………………………………… 58

第3部　中間報告会等を通じて課題として見えてきたこと ………………………**59**

第1章　多様で平和な地域社会をめざして…………………………………………60

(1) グローバル化する私たちの生活 ………………………………………………… 60

(2) 多様化する日本 …………………………………………………………………… 60

(3) 人間の価値は成績だけでは表現できない ……………………………………… 60

(4) 周囲の日本人にとっても有意義 ………………………………………………… 61

第2章　外国人生徒受け入れ後のフォローと特別入学枠の効果………………62

(1) 学力の定着を目指した学習支援 ………………………………………………… 62

(2) 外国人生徒にもたらされる効果―教育の継続による選択肢の拡大 ………… 62

(3) 日本人生徒にもたらされる効果－国際感覚と多文化共生スキル …………… 62

(4) 平等な教育機会を求めて ………………………………………………………… 63

第3章　「特別枠」設置の必要性 ………………………………………………………64

(1) はじめに …………………………………………………………………………… 64

(2) 高校入試の「配慮」（特別措置）の推移 ……………………………………… 64

(3) 兵庫県での高校入試での「特別配慮」等 ……………………………………… 66

(4) 「特別入学枠」の必要性 ………………………………………………………… 67

資料 ……………………………………………………………………………………**69**

1．新聞記事……………………………………………………………………………… 70

2．2002 年 3 月兵庫県議会議事録 ………………………………………………… 76

3．2014 年度　兵庫県の高校入試概要 …………………………………………… 78

4．2014 年　兵庫県内の子ども支援教室 ………………………………………… 79

5．2013 年末　兵庫県内在留外国人数 …………………………………………… 85

6．2014 年　兵庫県の日本人・複数国籍・外国人住民世帯数 －住民基本台帳より－ … 88

7．関係年表…………………………………………………………………………… 90

兵庫の外国人の子どもの未来を拓く教育プロジェクト活動報告………………… 96

執筆者等プロフィール……………………………………………………………… 97

外国人の子どもの教育、高校入試制度にかかわる提言

私たち、「教育プロジェクト」は8回にわたり、外国人の子どもの進路、特に高校進学に関する調査報告・意見交流を行ってきました。兵庫県県教育委員会、県議会ほか諸団体のみなさまに改善すべき現状を知っていただくために、報告書を作成し、「提言」として最重要課題をまとめました。

1. 県立芦屋国際中等教育学校の生徒募集数増（定員増）と、播磨地域に新設を提言する

【設置理由】

芦屋国際中等教育学校（以下「国際中等」）は、2003年の開校以来入学希望者が多く、毎年多数の不合格者を出している。募集定員は1学年2クラス編成の80名、内訳は外国人・外国にルールを持つ児童30名、海外からの帰国児童30名、それ以外の入学を希望する児童（「希望者」）20名である。外国人と帰国児童枠は2倍を超え、また「希望者」枠は10倍を超える高人気が続いている。兵庫県内で最も人気のある学校である。公立学校でこのような厳しい競争率の状態の改善が必要である。

また、生徒の居住地は神戸地区が37.9%、阪神南地区が46.2%で両地区を合わせると84.1%になる。姫路や加古川など遠方から通う生徒はごく少数である。通学時間に2時間を超えるため希望があっても断念する生徒が多いと聞く。「国際中等」に行って自分の将来をさがしたい希望を持つ生徒が神戸や阪神以外にも多い。

以下は具体的な提案内容である

- 【募集定員】3クラス募集（外国人45人、帰国生徒45人、「希望者」30人の計120人）
- 【新　　設】播磨地域に2クラス「兵庫県立播磨国際中等教育学校（仮称）」を新設。

2. 全日制公立高校での受入れ校（「特別入学枠」実施）の設置を提言する

【設定理由】

帰国者、外国人が多く居住する18都府県では、教育施策として「サポーター」配置をはじめ、高校入試「特別入学（枠）制度」等を実施している。高校入試特別措置は、「日本語の壁」によって「教育を受ける権利」を大きく損なわれていることに対する「公平な教育的配慮（措置）」として行われている。兵庫県では2000年度入試よりルビ打ち等が許可されたが、改善が進んでいない。

一方、兵庫県内では10数年高校進学率が平均96%を超えているが、中国帰国者や日系人、ベトナム人など「ニューカマー」の子どもたちの高校進学率は非常に低い。また、他府県は「小学3年〜中学1年」の編入生を対象としているが、近年「ダブルリミテッド」（母国語も日本語も中途半端）の子どもの増加とともに、対象学年を引き下げることが検討されている。国際科などの全日制高校での特別入試制度導入等の早急な改善が必要である。

以下は具体的な提案内容である。

- 【対象生徒】：原則として、小学校1学年入学以降に来日し在籍した子ども（含日本国籍、一時帰国や家庭での言語等の家庭事情のある子どもは配慮が必要である）
- 【入試科目等の配慮】：英語と数学とし、作文と面接の実施（作文は事前申請した母語も可能とする）
- 【受入れ校を複数設置】：外国人児童生徒数と日本語指導が必要な児童生徒が多く在籍する5地区に設置する（神戸、阪神南、播磨東、播磨西、丹波・三田）。
- 【受入れ人数】：受入高校は募集定員の10%以内とする。
- 【応募者数と合格者数の公表を行う】

提言、コラム

３．海外からの帰国生徒の受検機会拡大等を提言する

【設定理由】

現在の「帰国生徒にかかわる推薦入試実施要項」は「国際」学科、コースで行うとあるが、学校別募集数、合格者数が明らかにされず、また選抜方法等では「合否判定委員会においては、帰国生徒の事情を配慮しながら、総合的に合否を行う」のみしか書かれず、生徒や保護者にとっては不明な点が多いため応募高校を決めにくいと聞くので改善されたい。以下は具体的な提案内容である。

- 【対象生徒】：現行の「外国における在住期間が１年以上であり、在留して帰国後３年以内のもの」が理解されていないので周知徹底されたい。また「帰国生」には「日本国籍をもつ者」という説明はないので、日本国籍者だけでなく、外国籍生徒も受検可能とする（大阪府で実施）。
- 【受入れ高校と人数、検査科目】：現行では「国際」の専門学科とコースで実施とあるが、総合学科や普通科等にも拡大する。受入れは、各校募集定員の10％以内とする。検査科目は英語と数学とし、作文と面接の実施（作文は事前申請した母語も可能とする）
- 【学校別募集数、応募者数、合格者数の公表を行う】

４．海外からきた途中編入希望者の受入れ促進を提言する

【設定理由】

生徒の編入については、2000（平成 12）年４月教育長通知で「編入学は可能な限り多く実施するものとする」、許可する人数は「学科・コースごとの生徒定員の 2.5％の数に当該学年の欠員数を加えた人数の範囲内において許可することができる。ただし海外からの帰国の場合で、校長が教育上支障がないと認めた場合は、これを超えて許可することができる」とあるが、海外からきた外国人生徒も同様であることを明文化し、検査内容は改善されたい。以下は具体的な提案内容である。

- 【対象生徒】原則として、来日１年以内の生徒（外国籍も含む）とする。
- 【編入試験】英語と数学、作文、面接とする（作文は事前申請した母語も可能とする）
- 【受付時期】年５回以上と明示する
- 【受検等の日程と、応募者数、合格者数の公表を行う】

５．受入れ後の就学支援体制つくりを提言する

【設定理由】

外国人生徒を受け入れた後の進路相談や、学力を定着させるために入学後のサポートが必要となる。現行「サポーター」の派遣・配置を充実し、また教科学習補助や母語教育指導（大阪府）など行うことにより生徒の学力定着を図る一方、地域の NPO 等と連携し各生徒のニーズに合った教育支援計画を設計する（神奈川県）等の支援体制が必要である。以下は具体的な提案内容である。

- 【教員の加配】きめ細やかな教育が行えるように定員のほかに加配教員を配置する。
- 【特別の教育課程実施と日本語能力把握】：文部科学省が支援する「日本語指導が必要な児童生徒を対象にした「特別の教育課程」（2014 年度～）実施と、生徒の日本語能力の把握（必須実施項目）を行う。
- 【日本語学習指導者の配置】：日本語習得を支援する日本語教育の有資格者を配置する。
  （県立芦屋国際中等教育学校、大阪府、千葉県、三重県等で配置）。
- 【専門知識を持つ人の配置】：地域の日本語・学習支援団体等と協働して外国人生徒の就学支援設計が行える「多文化コーディネイター（神奈川県）」等を配置する。

コ ラ ム －本報告での用語について－

■ **エスニック集団**

　言語、生活様式、宗教などを共有し、集団メンバーの間にも先祖の共通性や地縁・血縁に基づく一体感がある人々の集団を指す。この報告書では、「在日ベトナム人」「在日フィリピン人」などがエスニック集団になる。類似した用語として人種や民族などがあるが、人種は外見上の相違に基づくとされている点、民族は国家（国民）と結びつきやすい点で異なる。エスニック集団という言葉は、このような外見や国家からは中立的な学術用語として、30年前くらいから多用されるようになった。しかし、エスニック集団にせよ人種や民族にせよ、自然に与えられ変化しないものではなく、社会的な条件によって作られる側面があることに注意しておきたい。在日フィリピン人といっても、タガログ語、イロカノ語、セブアノ語など多くの言葉を母語とする人々からなっており、本来は多くのエスニック集団の集まりである。日本にいるから、「フィリピン人」というエスニック集団が成り立つのである。

■ **マイノリティ**

　被差別少数者とも訳されるように、社会にあって差別・抑圧を受ける集団を指す。そのため、外国人（エスニック・マイノリティ）に限らず、女性、障害者、アイヌ、被差別部落民、沖縄人などもマイノリティに含まれる。反対語がマジョリティであるが、アパルトヘイト時代の南アフリカのように、少数派の白人がマジョリティで多数派の黒人がマイノリティになることもある。つまり、マジョリティとマイノリティの違いは人数の問題ではなく、社会における支配と被支配という立場の相違により決定される。

■ **在日韓国朝鮮人**

　日本の植民地支配時代に朝鮮半島から渡日した／させられた人々とその子孫を指す。後述のようなさまざまな類義語があるなかで、古くからもっともよく使われてきたのが、「在日韓国朝鮮人」である。ただしこれは、韓国・朝鮮という分断状況や国籍の違いを前提とする言葉であるがゆえに、「在日」「在日朝鮮人」「在日コリアン」など他の言葉が用いられることが多く、統一的な用語はないといってもよい。

■ **母語・継承語・家庭言語**

　外国につながる子どもたちにとって母語とは、家庭で使われている言葉であり、一番初めに覚え、現在もっとも理解できる言語で、頻繁に使用し、自分自身がしっくりと一体感が持てる言語をさす。そうした母語に対して、外国につながる子どもたちが学齢期になり、学習言語である現地語（日本の場合は日本語）が優勢になると、母語は相対化され、「親の言葉」、すなわち「継承語」という位置へとシフトしていく。またこの「母語」と「継承語」を合わせて外国人家庭の「家庭言語」と称する場合もある。

■ **日系人**

　海外へ移住した日本人とその子孫を指し、世代によって、移住者本人を日系一世、続く世代を二世、三世、四世……と表す。ただし、日本国籍を持つ一世は「日本人」とされる。基本的には日本人の血統をひく者を意味するが、入管法改定以降に急増した南米出身（特にブラジル、ペルー出身者が多い）の「日系人」を指す場合は、外婚化が進んでいるため、日本人を祖先に持つ日系人に限らず、その配偶者である非日系の南米外国人も、その子孫である「混血日系」の者たちも、「日系人」の集団カテゴリーに含められる。

■ **インドシナ難民**

　1975年ベトナム戦争終結後、ベトナムに続いてラオス、カンボジアの3国が社会主義体制へと移行し、迫害を受けるおそれのある人びとや、新体制になじめない人びとが相次いで国外へと逃れた。その総数は約144万人、多くが海外の難民キャンプを経てアメリカ、オーストラリア、カナダや日本などの「第三国」に定住した。日本では1978年にベトナム難民に対する定住許可の方針が打ち出された。（財）アジア福祉教育財団難民事業本部が定住等に関する事業を行う。その下で兵

庫県に姫路定住促進センター（1979年開設、1996年閉鎖）、神奈川県に大和定住促進センター（1980年同、1998年同）、東京都に「国際救援センター」（1983年同、2006年同）が設置された。なお、政府はインドシナ難民の受入れを2005年度末で終了することを決定した。

ベトナム、ラオス、カンボジア出身の難民を総称した「インドシナ難民」は、日本ではすでに定着している。「インドシナ」とはこれらの国々を含む半島の呼称として使用されているが、「シナ」は日本では日清戦争以後の中国に対する「蔑称」として使用されてきたこと、また、「シナ」という発音はフランス語によるもので、これが同国による植民地戦線拡大の歴史を追認する表現でもあるため、「シナ」を含む「インドシナ」という表現を使用することは本委員会の本意ではないことも付記しておく。

■ **外国人**

「外国人」は一般に外国籍を有する人びとに対する呼称であり、国籍法改定（1985）以後に生まれた国際結婚家庭の多くの子どもや日本国籍取得者などは重国籍・日本国籍を有するため、「外国にルーツを持つ」人々を含まない。とりわけ外国籍を持つことを明確にする場合にのみ「外国籍」「〇〇国籍」と表現するが、本報告では「外国人」という表現をとる場合には、日本国籍を有しながらも「外国にルーツを持つ」人々を含めることとする。

■ **ニューカマー**

1970年代以降、国際化のなかで日本に渡ってきた外国人を「ニューカマー」と本報告では表記した。「新渡日の人たち」「来日の人たち」を使う人たちもいる。この「ニューカマー」は、主として第2次大戦前および戦時中に、朝鮮半島および台湾から日本へ渡ってきた旧植民地住民及び、その子孫たちに対峙して用いられた言葉である。彼・彼女たちに対しては「オールドカマー」とはあまり使われず、むしろ「在日外国人」のほうが多く使われている。

しかし、「ニューカマー」の表記については、適切な表現ではないと言う意見も聞かれ

るが、他の表記で十分なものがなかったので、本報告ではカギ括弧付きで使用した。

■ **中国帰国者**

中国帰国者とは、第二次世界大戦時あるいはそれ以前に中華民国、関東州および「満州国」に居住し、ほとんどの日本人が敗戦直後の集団引き揚げの後も、約30余年以上にわたってそこに「残留」し、日本と中華人民共和国が国交を回復する1972年以降に、中国から日本に「帰国」してきた「日本人」およびその家族を示す。つまり、中国帰国者とは、1970年代以降に中国から日本に「帰国」してきた「中国残留日本人孤児」や「中国残留日本婦人」とその家族である。今や約10万人あまりと推定される。日本社会の多くが「中国残留日本人孤児」は覚えていても、中国帰国者のことをよく知らないのは、「見えにくい存在」になっているからだと言われる。日本政府は帰還者として受け入れ、「日本人になる」ことを期待したため、「普通の日本人」として日本社会に「溶け込もう」と努力した。その反面、中国人としてのアイデンティティを維持した人もいる。中国帰国者は「適応」と「排除」と言う2重の意味で「見えにくい存在」となった。また、本国への引揚者であると同時に日本への移民という2重の性格も有したと言われる。

■ **帰国子女・帰国生**

この問題が最初に出てきたのは1960年代であり、「帰国子女」という言葉もこの時期にできる。1962年には、在外勤務者子女対策懇談会が、外務省や商社やメディア関係の人によって作られ、文部省に圧力をかけた結果、66年には海外在住の義務教育年齢の日本の子どもの統計が初めて収集された。67年には、受入校である帰国子女研究協力校に助成金を与える制度を開始。当初、「不適応」や「進学での不利」が問題とされていたが、80年代中盤になって、「再適応」から「社会的意義」を強調するものへと変わっていった。なお、用語については、文部科学省等行政機関は、今なお「帰国子女」を使う場合もあるが「子女」の差別性から、学校現場や研究者は「帰国生」使用者が多い。

第1部

外国人の増加と教育課題

第1部 第1章 外国人の定住化と教育―外国人と日本人の子どもが一緒に築く未来―

井口　泰

⑴ わが国における定住外国人の増加と子どもたちの教育

1．問題の所在

わが国に在留する外国人は、2014年末に206万人に達したが、このうち、永住権を有する外国人が、そのほぼ半数の103万人（「永住者」の在留資格を有する者66万人と「特別永住者」の地位を有する者37万人）を占めるに至っている。1990年代の初め以来、繰り返される経済危機や自然災害にもかかわらず、外国人人口の増加傾向は続き、この間に、わが国の外国人の定住化は、ここまで進んできたのである。いまや、地域における外国人の住民は、一時的に出稼ぎや留学などで滞在し、早晩、帰国していく人たちとは言えないのである。

こうしたなかで、外国人の子どもたちは、20歳未満に限定すると25万人が日本に滞在している。この外国人の若者が、十分な学習・進学、それに、就職の機会を得ていないという問題に対して、私たちはあまりにも無関心ではなかったか。

高校進学の年齢である16〜18歳の外国人人口は、2013年末時点で37,714人であったが、この年齢層の就学・就労や生活の実態は、国や自治体の調査では、必ずしも実態が明らかではなかった。

公立高校に在学する外国人生徒の数は、2014年5月時点で、8,948人にすぎない。したがって、推定される公立高校進学率は、23.7％にとどまる。

この推定自体には、もちろん多くの問題がある。特に、私立高校や外国人学校への進学者は含まれていないので、これをもって、外国人の子どもの高校進学率とみなすことはできない。しかし、私立高校や外国人学校への進学者は、外国人の場合、それほど多くはない。したがって、高校進学率は、高く見積もっても、50％程度と推定できよう。このような低い高校進学率の背景に、国による義務教育年限の違いなどから、高校進学率の前提となる中学卒業を果たせない者もいるとみられる。

さらに懸念されるのは、高校進学できない場合、若年者が、その人生をやりなおす機会に乏しいことである。外国人の子どもたちにとっては、それは一層厳しい現実であるだろう。

2．多様化が進む外国人の子どもたちとその背景

日本に生活する外国人の子どもたち（ここでは、20歳未満の者をいう）は、2013年末時点で、258,656人に達する。このうち、アジア系が185,248人で、国籍計の72.0％を占めた。これを、年齢1歳刻みでみると、概ね1万人前後と比較的均等に分布している（法務省、在留外国人統計）。

外国人の子どもたちの数は、日本国内における外国籍の子の出生数の傾向、出入国の複雑な変化を反映したものである。まず、外国籍の子の出生数を国籍別にみると、長期的には、中国籍が増加傾向にあり、すでに、2005年前後には、韓国・朝鮮籍の子どもたちの数を抜いてトップとなった。韓国・朝鮮籍の子どもたちの出生数は、長期的に減少傾向にある。ブラジル国籍の子どもたちも、2008年の経済危機を境目として減少傾向にある。これに対し、フィリピン籍の子どもの出生数は、近年、安定的に推移している（厚生労働省「人口動態統計」）。

このような出生動向は、わが国における定住的な外国人の動向を反映している。中国籍の在留者は、既に65万人に達し、日本の在留外国人全体の3分の1を占めている。韓国・朝鮮籍の外国人は、特別永住者（戦前から日本に在留し、1952年のサンフランシスコ講和条約で日本国籍を失った者とその子孫）の高齢化が進み、同時に日本国籍の取得（帰化）が進んだ影響から、減少傾向にある。これに対し、戦後に来日して永住権を取得した、ニューカマーの韓国・朝鮮籍の人たちは増加傾向にある。

ブラジル国籍の者は、多くが日系2世又は3世とその配偶者である。2008年9月の世界経済危機の発生により、製造業で多数が働いていた日系ブラジル人が失業し生活困難に追い込まれた。2009

年には、政府による日系人に対する帰国支援措置が実施されて、2万人が帰国した。帰国支援措置を受けなかった者を含めて、全体で7万人程度が帰国したと推定される。このときに帰国した者には、10歳代半ばから20歳代がかなり含まれており、日本滞在の経験のある将来有望な若いブラジル人が日本を去った可能性が指摘できる（井口2013）。また、帰国支援措置の対象者は当分の間の来日が禁止されたが、ようやく2013年10月に解除された。しかし、同じ在留資格で再来日する場合、雇用契約期間は1年以上という条件があり、再来日するうえの制約となっている。

　その結果、日本国内のブラジル人滞在者数は、かつては、30万人を超えていたが、現在は17万人台に減少し、増加を続けているフィリピン人は18万人を超えた。

　フィリピン国籍者は、長年、興行の在留資格による入国・在留が多数を占めてきた。しかし、法令の認めるエンターテイナーの活動以外に、資格外活動で就労する実態や、劣悪な労働や生活実態と人権侵害が問題となっていた。そこで度重なる規制強化が行われ、今世紀にはいり、フィリピン人在留者は、ひとたびは減少に転じた。

　ところが、2008年に改正された日本の国籍法第3条により、非嫡出子（結婚していない両親の間に生まれた子）であっても、父または母である日本人に認知されれば，届出により日本国籍を取得できることとなり、状況は一転した。これを契機として、1980年代以降、日本人とフィリピン人の間に生まれた子どもたちが、親とともに、フィリピンから日本を目指す動きが活発化になっている。20歳未満のフィリピン人が、毎年1000人前後、日本に渡航している可能性がある。これらフィリピン人は、第二次世界大戦以前から海外移住した日系人とは区別され、「新日系人」と呼ばれる（井口2013）。

　フィリピン人がそうであるように、国際結婚の増加が、定住的な外国人の増加をもたらすことがある。その結果、日本国内における出生者も増加している。しかし、国際結婚によるカップルの合計特殊出生率は1.2台と推定され、日本人の1.4台と比べて低く、外国人の出生率は、日本人の出生率より高いといった一般通念と異なる（是川2013）。

　また、フィリピン人と日本人の国際結婚の場合、推定される離婚率が非常に高い結果、フィリピン人女性は働きながら、シングルマザーとして子どもを養育する場合が多い。日本人との結婚で、永住権は4年余りで取得でき、離婚しても、既に取得した永住権は消えることはない。しかし、新日系人の増加は、母子家庭の増加を伴い、その子どもたちには、特に配慮が必要になる。

　2012年時点では、日本語指導が必要な外国人児童生徒数は、27,013人となっている。ただし、本統計では、日本語指導が必要という判断が、各学校の判断により異なる場合が排除できないので、その解釈には注意を要する。日本語指導が必要な外国人の子どもたちの数は、2008年に28,575人とピークに達した。その時点では、母語がポルトガル語の子どもは11,386人、中国語のこどもは5,831人、フィリピノ語の子どもは3,367人であった。その後、ブラジル人の減少とともに、ポルトガル語を母語とする生徒が減少に転じている。母語が中国語の子どもは、2010年をピークにいったん減少したが、母語がフィリピノ語の子どもは、経済危機のなかでも増加を続けている（文部科学省2013）。

3．外国人の子どもの高校進学支援と総合的な若年者対策の必要性

　経済の停滞が長引いた結果、若年雇用問題は、日本のみならず、先進国共通の深刻な社会問題となっている。学校を卒業しても自立できず、あるいは、不安定雇用または無業の状態に陥り、キャリア及び家族の形成に困難をきたしている。

　特に、外国人の子どもたちの多くが、外国語（ここでは日本語）と母語の習得の二重の負担を負っている。また、母国に帰るのか、外国（ここでは日本）に永住するのかがあいまいなまま、親の定住化が進み、自らのアイデンティティを確立し、人生に目標を見出すことに、大きな困難を伴っている。

　外国人の若者たちも、日本人の若者と同様、自分の進路への不安とともに、友達がいないことや友達を失うことに懸念を抱き、学校という集団のなかで孤独を感じている可能性が高い。こうしたなか

で、自尊感情をもてず、自分を肯定できず、社会と積極的にかかわることができない若者が増えてしまうことが危惧される。

　既に、いじめや引きこもりの問題の顕在化とともに、進学競争の激しい全日制高校とは別に、私立又は公立の高校として、「チャレンジ校」といわれる、単位制・定時制の高校が各地で運営されるようになっている。中学校の段階では、NPO法人などが運営する「フリースクール」における学習への単位認定が行われ、学校に配置されたスクール・カウンセラーの支援を受けることも可能になっている。

　それでも、わが国の高校教育の改革に関する議論は、一部地域を除き、外国人の子どもたちのことを考慮して進められることは少ない。不登校やいじめに関する教育研究集会においては、外国人の子どもの問題が議論されることは極めて少ない。国連の子どもの権利条約に関する対日勧告が繰り返し出され、政府に対する働きかけがなされているが、外国人のこどもの教育の問題はほとんど触れられていない（第3回子どもの権利条約市民・NGO報告書を作る会2010、子どもの権利のための国連NGO2014）。

　一般的な傾向ではあるが、大学進学を最優先する地域では、どうしても、高校教育の多様化が進みにくい傾向がある。こうした地域にあっても、国際高校を開設し、外国人の子どもと日本人の子どもが共に学べる環境を実現して、高い評価を得ているケースは存在する。しかし、それだけでは、近年の定住外国人の増加と、外国人の子どもたちの多様化に対応しきれない。

　日本人を主たる対象とする若年者対策と、外国人若年者のための取組みが連携し、どこかで合流し、市民団体が力を合わせて、地域において総合的で多様な若年者対策が講じられるように願っている。

⑵　外国人集住都市における外国人生徒の高校進学と就労の実態

　外国人集住都市において、今世紀初め時点で60%程度とされた高校進学率は、市民及び学校や自治体の支援の結果、次第に上昇してきた。しかし、高校進学率が98%に達するわが国で、高校進学できないか中退した外国人の若年者が安定した雇用機会を得ることは、日本人の子どもたち以上に厳しい。

　外国人集住都市では、大学進学する外国人の子どもは増加していると報告されている。しかし、日本人の子どもの半数以上が進学するなか、外国人の若年者の大学進学率はまだまだ低い。

　外国人集住都市会議は、外国人の若年者の学校卒業後の就労への移行の状況を把握するために調査を実施した。しかし、若年者に対し直接調査を行うこと自体が難しく、親を通じて間接的に把握するしかないという限界がある。2014年8月に実施した調査結果（26都市で、市役所等を訪問してきた約900人の外国人に実施）から、これを、外国人集住都市の外国人人口に復元して推定したところ、以下のことがうかびあがってきた。

　第1に、16～19歳の外国人の若年者のうち、就労している者は11.2%で、学校に通っている者は84.1%に達している。これは、外国人の子どもたちの高校進学を支援した成果を反映していると言えるだろう。

　第2に、当該年齢で就労する外国人の若年者は、「日本語しか話せない人」が17.5%、「母国語より日本語が得意な人」が7.8%であるのに対し、「日本語も母国語も同じぐらい得意とする人」では、45.8%を占めた。日本語も母国語も話せるにもかかわらず、就労せざるを得ない若者が多いことが、当該年齢層の高校・大学への進学率を下げる一つの要因になっている可能性がある（表1、表2）。

　なお、「母国語しか話せない人」は3.0%、「日本語と母国語も同じくらい不得意とする人」は5.6%ほどで、日本語の制約が高いと、就労自体が制約される可能性がある（外国人集住都市会議2014）。

　第3に、当該年齢の若年者の就学率は、日本国籍では、96%と高く、次いで、ブラジル人、ペルー人、中国人で80%台であるのに、フィリピン人で70%台と目立って低いことである。同時に、フィリピン人の若年者が、派遣労働者として就労している割合も顕著に高いことが懸念される（表3、表4）。

　いずれにせよ、外国人集住都市の分布する群馬県、静岡県、長野県、愛知県、岐阜県、三重県、滋

賀県及び岡山県では、既に、公立高校において外国人に対する入学者選抜制度又は入試特別措置が設けられてきた。

ただし、その募集人数、受け入れ学校数、選抜検査の内容などには、かなりのばらつきがみられる。例えば、外国人生徒を対象とした入学者選抜は、群馬県では全学校・全学科に適用され、岐阜県で63校（各校3名以下、来日3年以内）、三重県では、28校（来日6年以内、全日制の場合は1校10人以下）だが、静岡県は8校（来日3年以内。別に浜松市は1校）、愛知県は4校（来日3年以内）のみとなっている。なお、滋賀県には、外国人生徒を対象とした入学者選抜はないが、入試特別措置（来日6年以内）は設けている。このことから、外国人生徒は、居住する地域によって、高校進学の可能性が左右されることが推察される（外国人集住都市会議2012）。

以上のような就学と就労の実態を踏まえ、県立高校などにおいて、外国人の若年者就学、中途退学、就職状況を把握し、地域において外国人若年者対策が迅速に行えるように、ハローワークや市町村に、可能な限り情報提供するように関係する県に要望したい。さらに、若年者の職業訓練等に関し、母国語を併用するなど、外国人若年者が活用しやすいものに改善を進め、ハローワークと協力・連携の強化を図るように希望する。

地域の経済界には、外国人留学生の採用促進だけでなく、わが国に居住する外国人若年者がもつ意欲と能力を活かし、母国と日本の間を橋渡しする人材などとして、積極的に採用するよう傘下企業等に指導を行うように求めたい。

最近、新たな外国人受け入れに関して、政府レベルで議論が開始された。しかし、それ以上に大事なことは、国内で既に生活し、学び、成長しつつある外国にルーツのある子どもたちが、この国で展望を持って生きていけるようにすることであるはずだ。

表1　子どもの年齢と就学・就業の有無（第一子）（単位：%）

年齢	就学・就業の有無								計
	就業している	学校に通っている	学校に在籍しているが通っていない	仕事を探している	職業訓練を受けている	病気やけがで仕事ができない	自宅にいて働いていない	不明	
16歳～19歳	11.2	84.1	0.0	0.6	0.0	0.0	0.5	3.6	100.0

資料出所：外国人集住都市会議（2014）

注）第二子と第三子は回答不詳が多いため、集計していない。

表2　子どもの日本語能力に対する親の評価（単位：%）

日本語能力	全体の割合	16～19歳で就労する者の割合
日本語しか話せない（母国語は話せない）	16.3	17.5
母国語より日本語のほうが得意	31.0	7.8
日本語も母国語も同じぐらい得意	29.3	45.8
日本語より母国語のほうが得意	13.1	20.3
母国語しか話せない（日本語は話せない）	7.2	3.0
日本語も母国語も同じぐらい不得意	3.1	5.6
計	100.0	100.0

資料出所：外国人集住都市会議（2014）

表3　16 歳以上 19 歳で親が外国出身の子どもの国籍別の就学・就業の状況（%）

親の国籍	就学・就業の有無								計
	就業している	学校に通っている	学校に在籍しているが通っていない	仕事を探している	職業訓練を受けている	病気やけがで仕事ができない	自宅にいて働いていない	その他	
ブラジル	8.5	83.9	0.0	0.8	0.0	0.0	0.8	6.0	100.0
ペルー	13.5	85.6	0.0	0.0	0.0	0.0	0.0	0.9	100.0
中国	12.9	86.2	0.0	0.0	0.0	0.0	0.9	0.0	100.0
フィリピン	28.7	71.3	0.0	0.0	0.0	0.0	0.0	0.0	100.0
日本	0.0	96.3	0.0	0.0	0.0	0.0	0.0	3.7	100.0
その他	8.6	85.7	0.0	1.3	0.0	0.0	0.0	4.4	100.0
全体の割合	11.2	84.0	0.0	0.6	0.0	0.0	0.5	3.7	100.0

資料出所：外国人集住都市会議（2014）

表4　16 歳から 19 歳で親が外国出身の子どもの就労形態（%）

親の国籍	就労の形態					計
	直接雇用	労働者派遣	パート・アルバイト	自営業	その他	
ブラジル	47.1	15.9	37.0	0.0	0.0	100.0
ペルー	65.9	5.9	28.2	0.0	0.0	100.0
中国	24.1	0.0	63.9	0.0	12.0	100.0
フィリピン	40.0	51.7	8.3	0.0	0.0	100.0
全体の割合	44.7	18.4	30.8	5.7	0.4	100.0

資料出所：外国人集住都市会議（2014）

主要参照文献

・第 3 回子どもの権利条約市民・NGO 報告書を作る会（2010）『子どもの権利条約　第 3 回市民・NGO 報告書集』

・厚生労働省（2013）「平成 26 年　わが国の人口動態－平成 24 年までの動向―」

・是川　夕（2013）「日本における外国人女性の出生力―国勢調査個票データによる分析」『人口問題研究』第 60 巻第 4 号、pp86-102

・子どもの権利のための国連 NGO（2014）「子どもの権利モニター DCINews Letter No.120」

・登校拒否・不登校問題全国連絡会（2015）「登校拒否・不登校問題全国連絡会ニュース」

・井口　泰（2011）『世代間利害の経済学』八千代出版

・井口　泰（2013）「国際的な人の移動のアジア戦略」『ファイナンシャル・レビュー』

・外国人集住都市会議（2012）「外国人集住都市会議 2012」（報告書）（座長都市：長野県飯田市）

・外国人集住都市会議（2014）「外国人集住都市会議 2014」（配布資料）（座長都市：滋賀県長浜市）

・文部科学省（2013）「日本語指導が必要な児童生徒の受入れ状況等に関する調査（平成 24 年度）」の結果について」

第1部　第2章　外国人の子どもの進学を阻害する要因

乾　美紀

⑴　外国人生徒の高校進学の推移

　外国人生徒の進路は、中学もしくは高校卒業で閉ざされることが多い。特に高校への進学は低迷している。2012年11月、在留外国人の比率が高い自治体でつくる「外国人集住都市会議」において、公立中学校の外国人卒業生1,010人の高校進学率が78.9%にとどまっているという調査結果が報告された[1]。この調査は同会議に参加している長野県飯田市、静岡県浜松市など全国29市の外国人の2011年度の卒業生を対象としている。2000年代の初めに行われた高校進学に関する調査や研究においては、外国人生徒の高校進学率は50%程度と発表されてきており、自治体や研究者による進学調査においても以下のような数字で報告されている[2]。従って、78.9%という数字を見ると状況が改善されたと理解できる。しかしながら、この調査は集住都市で実施されたものであるので、全国的な平均とは異なるし、集住都市には教育支援が集中しやすいため、むしろ分散地域よりも高い数字を示している可能性がある。何よりも、文科省発表の全国平均高校進学率である96.5%（2012）と大きな格差がある。

表－1．各自治体における外国人生徒の高校進学率

自治体による調査	高校進学率	調査対象	調査年度
東　京　都	40～50%	外国人生徒	2005
神　奈　川　県	約40%	外国人生徒	1998
静岡県浜松市	75.0%	外国人生徒	2005
愛知県豊橋市	76.6%	外国人生徒	2005
愛知県豊田市	74.5%	外国人生徒	2005
大　阪　府	84.5%	外国人生徒	2005
	87.0%	中　国　人	2005
	68.8%	ベトナム人	2005
兵　庫　県	53%	外国人生徒	2006
	40%	ベトナム人	2006
	46%	ブラジル人	2006
	73%	中　国　人	2006

研究者による調査	高校進学率	調査対象	調査年度
太田（2000）	33%	日系ブラジル人（X県）	1992-1997
鍛治（2000）	50～60%	中国帰国者（全国）	1991-1999
辻本（2003）	15.1%	ベトナム系難民（兵庫県）	1998-2001

---

1)　毎日新聞記事　『外国人生徒：高校進学78%　日本語能力で格差－「集住」29市町』2012年11月11日。

2)　データに関する出典等の詳細は、乾（2008）「高校入試と進学」『高校を生きるニューカマー』志水宏吉編著　明石書店を参照。

研究者による調査	高校進学率	調査対象	調査年度
乾 （2006）	38%	ラオス系難民（神奈川県）	2003
乾 （2006）	11%	ラオス系難民（兵庫県）	2003

筆者作成：初出　乾（2008）

　これまで日本における外国人の子どもたちの教育上の問題としては、学校への適応、日本語の習得、学力の定着、アイデンティティの形成、不就学などの問題が挙げられてきたが、定住外国人が増加し、滞在期間が長くなった現在、「進路選択」の問題が浮上している。日系南米人など外国人が急増した1990年代の初め、多くが子どもを同伴して来日したため、その子ども達が進学や進路選択をする時期に差しかかったのである。

⑵　外国人生徒の進学を阻害する要因とは

　これまで外国人生徒の進学阻害要因については、多数の研究者が多様な側面からアプローチをしてきた。これらの研究を整理すれば、日本の教育システム、すなわち指導者側の問題、と当事者である教育の受け手が直面している状況から来る問題の2点に集約できるだろう。

　まず日本の教育システムについて指摘される点を整理する。例えば、日本の教育システムが外国人児童生徒にとって参入しにくいこと（広崎2001、Sellek 2001、太田2000）や入試制度が難しすぎて合格できないこと（Hirayama, et al. 2005、Tsuneyoshi 2009）、が指摘されている。特に、高校入試のシステムを理解することや、入試の壁を乗り越えることは外国人生徒にとって至難の業である。また、永瀬（2001）の指摘どおり、日本の教育は、日本語指導一辺倒のシステムが中心であるため、外国人生徒が日本語を完璧に習得できなければ、学業を継続することは難しいと考えられてきた。特に、高校進学に関しては、佐久間（2006）が学習内容の難しさから外国人生徒が高校に進学するのは極めて難しいことと述べている。

　このような教育システムを補完するために、外国人生徒の入学枠を確保する入学特別枠がある自治体もあるが、それには差異があること（佐久間 前掲）、特別枠には普通科以外の進路が少ないこと（細川2011）などが指摘されてきた。

　次に、同時に外国人生徒が置かれた状況、つまり教育の需要者側の問題も指摘されている。外国人生徒が置かれた状況については、例えばインドシナ難民の場合、成功したモデルの存在が限定されていること（田房2000、乾2007）や家庭の経済的な問題が及ぼす影響のために進学が難しい（田房 前掲）ことが挙げられている。このことは、インドシナ難民に限らず、他の外国人にも該当し、宮島（2003）にあるように、外国人コミュニティには将来設計をするためのモデルの存在が限定されていることが大きな問題だろう。

　外国人生徒は自分でどうしようもできない問題に取り巻かれている。例えば、家族の移動が多いことから、学習の継続性という点で、子どもたちに困難や負荷を与えていること（宮島・加藤,2005）もひとつの要因だろう。親が仕事の契約ごとに移動するため、定住して教育を受けることが難しく、教育環境が変わるため日本語能力も定着しない。日本語能力が低いために「低学力」とみなされている（太田2005）ことも多くのケースが見られる。

⑶　教育継続が可能となる教育システムの構築に向けて

　以上のように、外国人生徒を取り巻く教育システム、そして外国人生徒が置かれた状況は、本人たちが打開する手段が限定されているといえる。この他に、進学や教育の継続が難しい要因として、生徒対教師

の関係も影響しているだろう。

　児島（2008）は、ブラジル人の若者が学校から離脱する原因のひとつとして、彼らの学校での経験およびそれに対してなされる学校側の対応—たとえば、進学へと水路づける環境—が不足していることを明らかにした。例えば、生徒や保護者に進路の情報が十分に提供されてこなかったという情報欠如や、進路相談が適切になされていなかったという調査結果を示し、移動の多い生徒でも学び直し、やり直しがきく教育システム構築の重要性を説いている。

　このように外国人生徒が進学できない状況は、安定した職に就けず行き場を失うなど、日本社会になじめない結果を導き出している。外国人生徒が学力を定着させ、高校に入学し、卒業資格を得て日本社会で働くことができるよう、学習支援を含めた教育システムを構築していく必要がある。

参考文献

乾　美紀（2007）「ラオス系難民子弟の義務教育後の進路に関する研究—「文化資本」からのアプローチー」『大阪大学大学院人間科学研究科紀要』33 号

太田晴雄（2000）『ニューカマーの子どもと日本の学校』国際書院

太田晴雄（2005）「日本的モノカルチュラリズムと学習困難」宮島喬・太田晴雄編『外国人の子どもと日本の教育—不就学問題と多文化共生の課題』東京大学出版会

児島　明（2008）「在日ブラジル人の若者の進路選択過程—学校から離脱／就労への水路付け」『和光大学現代人間学部紀要』第 1 号

佐久間孝正（2006）『外国人の子どもの不就学』勁草書房

田房由起子（2000）「『難民』から『市民』へ」『外国人市民と政治参加』宮島喬編著　有信堂高文社

広崎純子（2008）「進路多様校における中国系ニューカマー生徒の進路意識と進路選択—支援活動の取り組みを通じての変容過程」『教育社会学研究』80 号

細川卓哉（2011）「外国人生徒の高校進学に関する教育課題—特別入学枠に着目して』名古屋大学大学院教育発達科学研究科教育科学専攻『教育論叢』54 号

宮島喬（2003）『共に生きられる日本へ—外国人施策とその課題』有斐閣

宮島喬・加藤恵美（2005）「ニューカマー外国人の教育機会と高校進学：東海地方 A 中学校の「外国人指導」の観察に基づいて」『応用社会学研究』47 号

永瀬一哉(2001)「在日インドシナ児童・生徒の学力上の諸問題に関する研究—神奈川県在住児童生徒の成績調査結果を中心に—」『日本教育政策学会年報』8 号

Hirayama, K., Hirayama, H. & Kuroki, Y. (1995) "Southeast Asian Refugee Resettlements in Japan and the USA," *International Social Work*, 38.

Sellek, Y. (2001) *Migration Labour in Japan*. Palgrave.

Tsuneyoshi, R.(2010) The Newcomers and Japanese society. In Tsuneyoshi, R.,Okano,H.,&Boocock,S. (eds) *Newcomers and Minorities in Japan: Forward Multiculturalism in Japanese Education*, Routledge.

第1部　第3章　2000年以降の多文化共生をめぐる主な国と兵庫県の政策動向

野津　隆志

⑴ 「出入国管理政策」から「多文化共生政策」への転換

　従来、日本政府の外国人への政策は、「出入国管理政策」であった。つまり、外国人を日本に「出入り」する「外部者」として捉え、外国人を「管理の対象」とみなしてきた。そのため、外国人を日本社会の構成員とは認めず、外国人の定住化を前提とした社会統合政策も取ってこなかったのである。その結果、外国人住民に関する「対策」があっても「政策」がないといわれる状態が長く続いてきた。

　しかし、2000年代に入って、世界的な人権条約の国内批准や子どもの最善の権利を保障する国際世論の浸透、少子高齢化の進展や今後の人口減少、さらに労働移動のグローバリゼーションへの対応が日本の重要政策であることが政財界で共通認識となってきた。そのため、従来の「出入国管理政策」から「多文化共生政策」への転換を目指した議論や提言がなされ始めた。以下では2000年以降提出された日本の多文化共生政策に関わる主な提言や答申を整理する。

　まず、2000年に法務省は、『第二次出入国管理基本計画』において、我が国がグローバリゼーションの時代を迎え，より開かれた経済社会を指向すべき状況にあるとの現状をふまえ、「外国人の円滑な受入れを行っていく必要」を指摘した。本計画では「日本人と外国人が心地よく共生する社会の実現」「日本人と外国人が円滑に共存・共生していく社会づく」という表現を使い、「総合的な外国人行政を構築していく必要がある」と提言している。

　続いて、2004年外務省『海外交流審議会（外国人問題部会）答申』や、2006年外国人労働者問題関係省庁連絡会議（内閣官房）『「生活者としての外国人」に関する総合的対応策』でも、「生活者としての外国人」「外国人が暮らしやすい地域社会」といった表現を使い、日本社会で外国人が日本人と共に「生活する」ことを前提とした施策の充実を訴えている。

　さらに、2006年の総務省『多文化共生の推進に関する研究会報告書～地域における多文化共生の推進に向けて～』では、一層明確に「地域における多文化共生推進の必要性」「地方自治体が多文化共生施策を推進する意義」といった「多文化共生政策」を提言している。この報告書では、多文化共生を「国籍や民族などの異なる人々が、互いの文化的ちがいを認め合い、対等な関係を築こうとしながら、地域社会の構成員として共に生きていくこと」と定義し、その後の政府の多文化共生施策の指針となっている。この意味で、2006年は中央政府が「多文化共生」ということばを初めて使用したことから「多文化共生元年」とも呼ばれる。

　以上の流れ全体を見ると、「多文化共生」ということばは、2000年初頭から政府の公式報告書や各種文書に表れており、多文化共生は「政府公認の概念」となってきたことが分かる。今世紀に入り、ようやく日本の地域社会の一員「生活者としての外国人住民」の存在が公に認められてきたと言えよう。

⑵ 2000年以降の外国人児童生徒をめぐる文科省の施策・指針

　文科省は、今述べた一連の政府の多文化共生政策と連動して「日本語教育の充実」「外国人の子どもの教育の充実」「就学の促進」など教育施策の充実が強調されたことに対応する教育施策を展開してきている。

　特に、2003年に総務省行政評価局が文部科学省に対して、外国人集住地域で外国人児童生徒の不就学問題などが社会問題化しているにもかかわらず、対応が遅れていると問題点を指摘し、「就学の案内などの徹底」「就学援助制度の周知の的確化」「日本語指導体制が整備された学校への受け入れ推進」を骨子としたいわゆる「平成15年勧告」を行ったため、下のような施策を具体化した。

- 2005 年　文科省は平成 15 年勧告に基づき、「不就学外国人支援事業」を実施し、12 の自治体（1 県 11 市）で不就学の実態調査を実施した。兵庫県では神戸市と姫路市が対象となった。
- 2006 年　文科省は「不就学実態調査」に基づき、通知「外国人児童生徒教育の充実について」を出した。同通知では、就学案内等の徹底、就学援助制度の周知、通学区域制度の運用の弾力化、情報提供の充実（就学ガイドブックの作成配布）など、不就学児童生徒の就学のための施策が強調された。
- 2007 年　文科省は「外国人児童生徒教育の充実方策について（報告）」を公表した。この報告では、情報提供の充実が明記され、現在、先進地域の取り組みや経験を共有できるように、下のような各種マニュアルや事例がネット上で公開されている。
  - ・外国人児童生徒受入れの手引き（2011 年）
  - ・多言語文書検索サイト（教材・通知文など）「カスタネット」公開（2011 年）
  - ・外国人児童生徒教育研修マニュアル（2014 年）
  - ・外国人児童生徒のための JSL 対話型アセスメント DLA（2014 年）
- 2009 年　文科省は政策提言を行う「定住外国人の子どもの教育等に関する政策懇談会」を発足させた。懇親会の提言を受け文科省は**「入りやすい公立学校」**をスローガンとする 3 つの施策を打ち出した。
  - ①日本語指導の体制の整備
  - ②定住外国人児童生徒が、日本の学校生活に適応できるよう支援体制を整備
  - ③公立小中学校へ入学・編入学する定住外国人児童生徒の受入れ体制を整備し、上級学校への進学や就職に向けた支援を充実する
- 2014 年　文科省は日本語指導が必要な児童生徒を対象とした「特別の教育課程」の編成・実施について」を通知し、日本語指導を従来の「課外授業」ではなく、通常の授業時間内に取りだし指導をする「特別の教育課程」として編成・実施可能とした。

表　政府・文科省の多文化共生と教育に関する施策の経緯

政府の施策・答申

2000 年　法務省　『第二次出入国管理基本計画』
2004 年　外務省　『海外交流審議会（外国人問題部会）答申』
2006 年　外国人労働者問題関係省庁連絡会議（内閣官房）『「生活者としての外国人」に関する総合的対応策』
2006 年　総務省　『多文化共生の推進に関する研究会報告書〜地域における多文化共生の推進に向けて〜』

文科省の施策・指針

2003 年　総務省行政評価局が文部科学省に「平成 15 年勧告」
2005 年　文科省　「不就学外国人支援事業」を実施
2006 年　文科省　「外国人児童生徒教育の充実について」を通知
2007 年　文科省　「外国人児童生徒教育の充実方策について（報告）」を公表
2009 年　文科省　「定住外国人の子どもの教育等に関する政策懇談会」発足。
　　　　　　　　「入りやすい公立学校」をスローガンとする施策発表
2014 年　文科省　日本語指導が必要な児童生徒を対象とした「特別の教育課程」の編成・実施について」を通知

(3)　兵庫県の外国人児童生徒への教育施策の経緯

1998 年県教育委員会は、「人権教育基本方針」策定した。人権の視点からすべての人に対して、とりわ

け差別や偏見などによって十分に学ぶことができない人に対して学習機会の提供に努め、自己実現を支援することが明記された。同年の兵庫県の外国籍児童生徒数は 6,589 名であった。

1999 年県教委は、「外国人児童生徒指導補助員派遣制度」を発足させ、県内で増加してきた新渡日外国人の児童生徒に対する個別的支援を開始した。

2000 年県教委は、「外国人児童生徒に関わる教育指針」を策定し、この指針が県内の外国人児童生徒への教育施策のガイドラインとなっている。この指針は「人権教育基本方針」に基づき、外国人児童生徒の人権にかかわる課題の解決に取り組むため、4 つの基本的な考え方を示している。

2002 年、それまでの「外国人児童生徒指導補助員」は「子ども多文化共生サポーター」と名を変え、県教委はサポーターの派遣を始めた。サポーターは、在留期間 3 年未満の外国人児童生徒に対して週 1 ～ 3 回派遣されている。2008 年には県内 212 校に 20 言語のサポーターが派遣された。

2003 年県教委は、県立芦屋国際高校内に「子ども多文化共生センター」を開所した。同センターは、外国人児童生徒の教育に関わる相談、教材情報提供やボランティアのコーディネート業務を行っている。

2006 年から県教委は、「新渡日の外国人児童生徒にかかわる母語教育支援事業」を実施した。この事業は、新渡日外国人児童が多い学校で母語教育センター校と指定し、母語指導が可能な母語ボランティアを派遣し母語指導を行うものである。

また同年には、日本語指導と教科指導を結びつけることで、児童生徒が学習活動に日本語で参加するための力を育成する JSL カリキュラム（Japanese as Second Language：第 2 言語としての日本語カリキュラム）の実践普及支援事業を開始した。

2011 年に県教委は、『外国人児童生徒受入初期対応ガイドブック』を作成し、あわせてホームページに掲載した。

2013 年に県教委は、県内の公立高等学校への進路に関する資料として、パンフレット「あなたは、どの高校を選びますか？」を作成し、あわせてホームページに掲載した。

⑷　まとめ

2000 年以降、日本の外国人児童教育は大きく変化してきている。文科省の施策の一連の流れは、外国人児童生徒を日本の学校が受け入れることを前提とし、受入のための情報提供、日本語指導、教育課程の整備など多方面に渡る施策を拡充してきていると言える。

しかし、批判的に見ると、これらは「個別的対処策」の列挙であって、一貫した理念に基づく「政策」は依然として不明である。日本の学校が外国人児童生徒を将来どういう人材に育成するか、さらに「日本人」を暗黙の前提とした日本の学校をどう変革するのかといった基本理念を明確にした政策を策定する必要がある。

一方、兵庫県の施策を見ると、「人権教育基本方針」や「外国人児童生徒に関わる教育指針」を、政府に先立ち策定し、多くの施策を具体化してきていることからすると、ある意味で地方の主体的・先導的努力が見られることは評価して良いだろう。

しかし、主体的・先導的努力に依存した施策は、自治体によっては「努力目標」と受け止められ、地域格差を生み出す恐れもある。兵庫県内の外国人児童生徒の分散的居住地域でも、神戸・姫路などの先進的施策が均等に実現される必要がある。そのためには、政府・県・市町間の法規に基づくシステム的な一貫した多文化共生のための教育政策が策定される必要がある。

参考文献

佐久間孝正　『外国人の子どもの教育問題』　勁草書房　2011 年

近藤敦編著『多文化共生政策へのアプローチ』　明石書店　2011 年

第2部

高校進学（外国人の進路）に関する調査で判明したこと

第2部　第1章　兵庫県の現状

辻本　久夫

⑴　外国人生徒の高校進学

1．1990年代の高校進学（中国帰国者とベトナム人生徒）

　表1は、姫路教育シンポジウム「ベトナム人たち新渡日の子どもの進路問題」[3]の資料である。明石のＡ小学校には隣接する神戸の小学校ともに中国帰国者[4]の子どもが兵庫県内で最も多く在籍する。また中学校はインドシナ難民として定住したベトナム人[5]の子どもが多数在籍する学校である。

　この2校の卒業生の全日制公立高校進学率（普通科と職業科）は中国帰国者の場合36.4%、ベトナム人は36.9%である。この調査は中国帰国者や難民たちが定住を始めた以降のもので、先駆的に行われた極めて貴重なデータと言える。この2校はともに多数在籍校で、教員定数に日本語指導教員1名が配置され、日本語学級が開設されていた。

表 1　中国帰国者とベトナム人生徒の中学校卒業後の進路

卒業生の進路：中国帰国者（明石市立Ａ小学校）						
	計（人）	全日制高校			定時制高校	就職・無職
		公立普通科	公立職業科	私立		
92年度	3	2		1		
93年度	2			2		
94年度	6	2			3	1
計	11	4	0	3	3	1
%	100.0%	36.4%	0.0%	27.3%	27.3%	9.1%

卒業生の進路：ベトナム人生徒（姫路市立Ｂ中学校）						
	計（人）	全日制高校			定時制高校	就職・無職
		公立普通科	公立職業科	私立		
92年度	2					2
93年度	3				3	
94年度	3	1	1			1
95年度	3	1	1	1		
96年度	3	1				1
97年度	5	1				4
計	19	4	3	1	3	8
%	100.0%	21.1%	15.8%	5.3%	15.8%	42.1%

（1999年9月6日姫路教育シンポジウム「ヴェトナム人たち新渡日の子どもの進路問題」資料より）

2．2005・2006年度の高校進学

　表2は、兵庫県在日外国人教育研究協議会[6]（略称「県外教」）が県内全自治体に依頼して行った調査である。調査結果から2005年度と2006年度の全日制高校進学率の平均は、兵庫県全体では92.4%であるが、韓国朝鮮人生徒は90%、中国人は74%、ブラジル人は46%、ベトナム人は30%である。ペルー人とフィリピン人は60%前後の進学率であるが、調査数が少ない。今調査から韓国朝鮮人生徒は日本生まれの第3・4世代（在日3・4世）が中心の多いため高い進学率である。中国人の場合

---

3)　このシンポジウムは、1999年9月6日(日)に姫路市教育会館で開催。主催は兵庫県在日外国人教育研究協議会。

4)　中国帰国者とは中国残留孤児・婦人の家族を指す。神戸市史によるとこの地域には1992年以降に居住する。

5)　1979年、日本政府はインドシナ難民の定住促進のため神奈川県や兵庫県姫路市に「定住促進センター」を設置して生活等の指導を行った。そのため姫路市内には多くのベトナム人が居住することになった。

6)　兵庫県在日外国人教育研究協議会は、1995年の「震災」後、12月に準備会活動が始まり1997年4月発足。研究集会や地区講座の開催や調査研究等を行う。

は同様に在日3世と小中学校時に編入した子どもが含まれるが、漢字文化圏出身者であるため他の外国人生徒より進学率が少し高い傾向にある。ブラジル人やベトナム人生徒は非漢字圏出身であると同時に、来日間もない世代であるため進学率が極めて低い。(この調査には、神戸市と伊丹市は含まれていない。また全日制高校とは、国公私立高校と中等教育学校、工業高等専門学校の計で、定時制、通信制、特別支援学校進学者は含めていない)

表2　公立学校の在日外国人中学生の進路調査(2005・2006年度)

兵庫県在日外国人教育研究協議会調査

		総　　計		全日制高校(含む高専)		定時制・通信制高校		各種学校		ほか	
卒業生総数	2005年度	34,357	100.0%	31,774	92.3%	1,547	4.5%	238	0.7%	798	2.3%
	2006年度	35,250	100.0%	32,612	92.4%	1,663	4.7%	219	0.6%	756	2.1%
内外国人総数	2005年度	219	100.0%	166	75.8%	23	10.5%	5	2.3%	25	11.4%
	2006年度	253	100.0%	202	83.8%	21	8.3%	2	0.8%	28	11.1%
内訳 韓国朝鮮	2005年度	152	100.0%	138	90.2%	8	5.3%	1	0.7%	5	3.3%
	2006年度	180	100.0%	163	90.6%	9	5.0%	1	0.6%	7	3.9%
中国	2005年度	25	100.0%	19	76.0%	4	16.0%	1	4.0%	1	4.0%
	2006年度	22	100.0%	16	72.7%	1	4.5%	0		5	22.7%
ブラジル	2005年度	13	100.0%	6	46.2%	4	30.8%	0		3	23.1%
	2006年度	13	100.0%	6	46.2%	1	7.7%	0		6	46.2%
ベトナム	2005年度	25	100.0%	5	20.0%	6	24.0%	0		14	56.0%
	2006年度	28	100.0%	11	39.3%	7	25.0%	0		10	35.7%
ペルー	2005年度	3	100.0%	2	66.7%	1	33.3%	0		0	
	2006年度	5	100.0%	3	60.0%	2	40.0%	0		0	
フィリピン	2005年度	5	100.0%	3	60.0%	2	40.0%	0		0	
	2006年度	4	100.0%	2	50.0%	1	25.0%	1	25.0%	0	
ほか	2005年度	24	100.0%	17	73.9%	2	8.3%	3	12.5%	2	8.3%
	2006年度	1	100.0%	1	100.0%	0	0.0%	0		0	

この調査統計は、県外教独自に各市町教委へ直接依頼し回収したものである。神戸市、伊丹市を除く。

3. 2009年度〜2012年度の高校進学

　図1は、2009年度から2012年度に中学校を卒業した外国人生徒の国公立全日制高校進学率である(私立高校進学者は含まず)。グラフ上の%は2012年度のものである。ペルーやフィリピン人は卒業生数が年度によって大きく違うため、進学率に高低がみられる。4ヵ年の平均進学率を高い順に並べると、その他が67.8%、韓国朝鮮人62.8%、中国人55.8%、ベトナム人45.6%、ペルー人42.0%、フィリピン人36.1%、ブラジル人30.5%となる。「在日3・4世」が主となる韓国・朝鮮人は高い進学率であるが、日本生まれ2世代目が中心となるベトナム人は低い。外国生まれでは、漢字文化圏の中国人の進学率は高い。非漢字圏のブラジル人、ペルー人、フィリピン人は非常に低い。「その他」は外国人統計数から推測すると非漢字圏出身の欧米系の生徒と思えるが、進学率は韓国・朝鮮人生徒より高い。理由として日本生まれが多いからと思われる。

図1 外国籍生徒の国公立全日制高校進学状況　兵庫県教育委員会調査統計から筆者作成

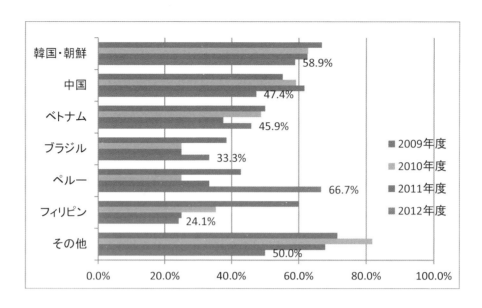

　なお、このデータは国籍別にしたものであるため、「日本生れ」生徒と「外国生れで幼児期に渡日者（日本で9年間の教育）」「外国生まれで小・中学校途中編入者（1ヶ月〜9年未満）」が含まれる。そのため「日本語支援が必要な生徒」である渡日（来日）2年以内の生徒の進学率は、さらに低いであろうと推測する。

4．神戸市と姫路市の高校進学率
- 神戸市の場合

　神戸市の2014年度全日制高校進学率（私立高校進学を含む）は93.0％である。韓国・朝鮮人生徒の進学率は神戸市全体とほぼ同じである。中国人は84.6％、「その他」が80.0％、ベトナム人76.2％、フィリピン人50.0％である。「要日本語支援生徒」[7]を見ると、中国人生徒は約6割が全日制高校進学だが、他国籍生徒では3割以下となっている。「要日本語支援生徒」の全日制高校進学は極めて厳しいと言わざるを得ない。

- 姫路市の場合

　姫路市の2013年度・2014年度全日制高校進学率（私立高校進学者を含む）は89.4％である。国籍別では、最も卒業生数が多いベトナム人生徒は2か年平均で67.5％となっている。日本生まれの2世代目が主流であるが進学率は高いとは言えない。背景に保護者が日本語理解ができず家庭内言語がベトナム語であるため子どもの日本語理解力が伸びていないからと思える。4世代目が主となる韓国・朝鮮人生徒は約88％、外国生まれが主であるフィリピン人生徒は在籍数が少ないが、進学率は極めて低く12.5％（2013年度）である。

---

[7]　神戸市教育委員会の表現である。渡日（来日）2年以内の日本語指導の必要な生徒である。

表３　神戸市立中学校卒業の外国籍生徒の進路状況
2014年３月

	卒業生総数（人）	国公立、私立、高専等の全日制進学者	進学率（全日制進学／卒業数）
卒業生徒総数			
韓国朝鮮	65	61	93.8%
（要日本語支援）			
中国	26	22	84.6%
（要日本語支援）	8	5	62.5%
ベトナム	21	16	76.2%
（要日本語支援）	3	1	33.3%
フィリピン	10	5	50.0%
（要日本語支援）	4	1	25.0%
ブラジル	1		0.0%
（要日本語支援）			
その他	5	4	80.0%
（要日本語支援）	1		0.0%
合計	128	108	84.4%
	16	7	43.8%

神戸市教育委員会提供

表４　姫路市立中学校卒業の外国人生徒の進路状況
2013・2014年度卒業の外国人生徒の進路状況（姫路市）

国籍または地域		総数（人）	全日制高校進学者	進学率
卒業生総数	2013年度			
	2014年度			
韓国・朝鮮	2013年度	22	17	77.3%
	2014年度	17	17	100.0%
中国	2013年度	3	2	66.7%
	2014年度	2	2	100.0%
ブラジル	2013年度	0		
	2014年度	1	0	0.0%
ベトナム	2013年度	23	14	60.9%
	2014年度	27	20	74.1%
ペルー	2013年度	0		
	2014年度	1	1	100.0%
フィリピン	2013年度	8	1	12.5%
	2014年度	3	3	100.0%
その他	2013年度	0		
	2014年度	0		
合計	2013年度	56	34	60.7%
	2014年度	51	43	84.3%

姫路市教育委員会提供

⑵　兵庫県の高校入試・編入制度

１．日本の中学校を卒業した生徒の高校入試とその課題

　　兵庫県では、５種類の公立高等学校入学者選抜（高校入試）があるが、メインは２月に行われる「推薦等入試」と３月に行われる「一般入試」である。日本の中学校を卒業する外国人生徒も高校進学を希望する場合、12月に行われる中学校での３者面談（生徒、家庭、教員）で受検希望高校を決め、保護者は「受検先承諾書」を学校に提出する。その後、生徒は受検願書と受験票を書く。学校は生徒の調査書を作成し、願書等とともに受検高校に提出する。その際、検査問題にルビ付きや時間延長を求めるときは、別に申請書を提出する。

　　兵庫県では、「推薦等入試」と「一般入試」の検査（試験）内容が違う。推薦等入試の場合、普通科等では適性検査（英数国理から指定２教科）と面接、工業高校は小論文と面接、国際高校は英語と面接で、推薦入試では検査科目が減らされ、小論文や面接等が重視される。しかし、推薦入試を希望しても「校内推薦委員会」で成績等が審査され承認されなければ受検できない。一般入試は、ほぼ希望する高校を受験できる。しかし、全校共通の英数国理社の五教科の試験を受けなければならない。

　　高等学校ではどの入試であれ、合否判定は当日の検査結果と中学校からの調査書（内申書）をあわせて成績順位を決め、合否を決める。

　　この現制度の課題は、日本語指導の必要な生徒には「不公平」になっていることである。日本語理解が不十分なため中学校での教科テストでよい点数が取れないため平常成績は低くなり、また入学検査でも日本語理解が不十分のため良い点数が取れにくいため合格ラインに到達しない生徒が多い。そ

のため中学校の進路指導として、日本語指導の必要な子どもは応募者が少なく、競争倍率の低い「通りやすい」高校を勧め、受検させる。「通りやすい」高校とは定時制か多部制がほとんどである。全日制高校に進学できる割合は非常に低い。

2．外国の中学校を卒業した子どもと、帰国生徒の高校入試とその課題

　　近年、日本に在住する親からの「呼び寄せ」などで外国（母国）の中学校を卒業、また高校を途中退学して来日し、日本の高校に１年生から入学を希望する子どもが増えてきている。

　　兵庫県では外国の中学校を卒業した子どもが兵庫県の公立高校入学を希望する場合、帰国生徒と同じように、９年の教育が修了している証明があれば、兵庫県教育委員会の資格確認を経てどこの高校でも入学検査を受けることができる。これは帰国生徒も同じである。しかし合否判定は上記の日本の中学校卒業生と同じ検査（試験問題）のため合格者は少ない。また、外国人の子どもや家族の多くは日本人の友人が少なく、どこの高校を受検できるのか、どこに相談に行けばいいのかわからず悩む。

　　多くの高校では、入学相談に来た外国人保護者に「数か月、日本語を勉強してから受検するように」と日本語学校への入学を進める。ほとんどの高校の担当者は日本語学校が非常に高額であることを知らない。「安い」といわれる日本語学校でも１日４時間３か月コースで26 〜 27万円前払いである。この経費は多くの中国人やフィリピン人等の親の給料１か月分をはるかに超えた高額である。数年前に中国から来た生徒の親も借金・給料前借して日本語学校に通わせ受検したが不合格であった。日本語学校に行かせられない家庭が多い。そのため、週に１、２日しか行われない地域日本語教室に通う子ども多い（ボランティアが運営）である。

　　現在の外国からの希望者や帰国生の入試には、「配慮」、すなわち改善すべき課題２つがある。１つは検査問題である。日本で育った生徒と同じ日本語による内容であるため、外国から来た生徒が合格点を取るのは極めて難しい。２つ目は定員や配慮内容や合格者数等が不明なことである。募集要項には「帰国生の判定に配慮が必要」としか書かれていない。

3．外国の高校へ通っていた生徒の高校編入と、その課題

　　家庭事情などで外国の高校を中途退学して来日する高校生が増えている。この生徒は外国籍のものだけでなく、日本国籍を持つ生徒もいる。公立高校に編入するためには各高校が独自に実施する「編入試験」を受けなければならない。

　　兵庫県では外国の高校に在籍していた証明があれば、県教育委員会の資格確認を経て、県立高校の編入試験を受けることができる。

　　しかし、兵庫県の公立高校編入には課題がある。一つは、編入試験の実施校が極めて少ないことである。二つ目は、編入試験の時期がほとんどの高校で７月と３月の年２回しかないことである。例外的に、県立国際高校は年５回、県立芦屋国際中等教育学校は欠員があるときのみ実施する（「希望者」は来日後１か月以内、「帰国生」「外国人」は３ヶ月以内と限定）。三つ目は、編入試験が日本語による英数国の学科試験と面接がほとんどであること。国語には古文が含まれ、英語も和訳や英訳、数学も文章題が含まれる場合が多い。面接では日本語で適切に答えることが要求される。編入試験は、日本語理解が不十分な生徒に厳しい関門である。

第 2 部　高校進学（外国人の進路）に関する調査で判明したこと

(3) 県立芦屋国際中等教育学校の「特別枠」導入と現状[8]

1．開設

1998 年の学校教育法改正により中高一貫校の設置が正式に認められた。文部科学省は日本に 500 校の中高一貫校を設置する予定である[9]。県立芦屋国際中等教育学校（以下「芦屋中等」）は、約 2 年の準備を経て 2003 年 4 月に開校した。兵庫県独自施策として「外国人枠 30 人」「帰国生枠 30 人」「希望者枠 20 人」を設置して 1 学年 80 人、2 クラス編成とした。

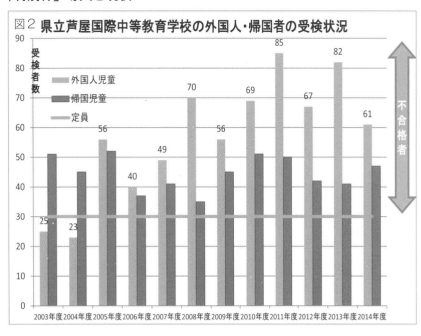

図2　県立芦屋国際中等教育学校の外国人・帰国者の受検状況

募集要項によると、「外国人」とは日本語や日本文化への理解が不十分な外国人児童、「帰国生」とは海外から帰国した児童（保護者の海外勤務等に伴い、海外における在住期間がおおむね 1 か年以上のもの）、「希望者」とは「本校の教育目標を理解し、海外での生活や留学等を目指して特に入学を希望するもの」とある。開設以降、応募者が多く、人気のある学校となっている。県教育委員会によると、「帰国生徒」の応募者は毎年度定員 20 人を超え、50 人前後（約 1.7 倍）、また「外国人」は 60 人を超える（約 2.0 倍）年度が多い。「希望者」はほぼ毎年度応募者が 200 人を超え、10 倍を超える人気である（図 2）。

2．生徒居住地と国籍

生徒の居住地は神戸と阪神南地区が多く、合わせると 96％となる。通学 1 時間以内の生徒が多い。通学距離が遠方の東播磨や北播磨、淡路にも入学希望者は多いと聞くが、通学時間と交通費のために受検する子どもが少ない。

次に在籍する生徒の外国にルーツをもつ生徒は、「外国籍」と「重国籍者」に分けて記載されている。国籍別では韓国朝鮮が 37.2％を占め、続いて中国、フィリピン、

表5　生徒の居住地（12年間の累計）（学校要覧より）

神戸	阪神南	阪神北	東播磨	北播磨	ほか	計（人）
363	443	109	32	3	9	959
37.9%	46.2%	11.4%	3.3%	0.3%	0.9%	100.0%

表6　外国人生徒のルーツ別内訳（12年間の累計）（学校要覧より）

外国籍生徒の内訳

韓国朝鮮	中国（含台湾）	フィリピン	ペルー	ベトナム	ブラジル	ほか（15か国）	小計（人）
297	254	72	30	25	22	98	789
37.2%	31.8%	9.0%	3.8%	3.1%	2.8%	12.3%	100.0%

重国籍生徒の内訳

アメリカ・日本	カナダ・日本	イギリス・日本	ドイツ・日本	中国・日本	ほか	小計（人）
239	47	30	25	23	245	609
39.2%	7.7%	4.9%	4.1%	3.8%	40.2%	100.0%

2003 年度〜 2014 年度の累積在籍者総数（2006 年度はデータがないため含まず）

---
8) 県立芦屋国際中等学校のデータは、同校が作成した「学校要覧」より作成（2003 年度〜 2014 年度）
9) 文部科学省：中高一貫教育の概要　(4)今後の整備目標

ペルー、ベトナム、ブラジルとなり「ほか」を含め 21 か国である。重国籍者の外国籍はアメリカが 39.2％を占め、続いてカナダ、イギリス、ドイツ、中国、「ほか」を含め 30 か国である（表 6）。

3．卒業後の進路

「芦屋中等」の卒業生の進路は、大学、短大、専門学校の進学者が 82.5％と大変多い。「進学準備者」、すなわち「浪人生」も多い。就職が 2.4％と極めて少ない。

表 7　第 1 期生～第 6 期生の進路　（学校要覧より）

大学	短期大学	専門学校	進学準備	就職	その他	計（人）
333	14	35	51	11	19	463
71.9%	3.0%	7.6%	11.0%	2.4%	4.1%	100.0%

4．まとめ

同校卒業生の進路は 8 割以上が大学等進学であることから、外国人枠で入学した生徒も日本人生徒と同様に、夢を持って将来の生き方を見つけていると思える。外国人生徒は「低学力で進級できない」という偏見が多いが、家族や同校の教員、地域日本語教室等の支援によって高校卒業後の新しい進路を見出している。また、日本人生徒はともに学ぶ外国人を身近な存在として理解し、一層共生意識が育まれ、外国人への偏見、差別を持たなくなっていると推測できる。日本人の入学希望者が多いことから子どもや親に人気があることがわかる。

そのため、課題としては 1 クラス増加して生徒募集数を増やすことと、姫路を中心とした播磨地域に外国人枠等を行う中等教育学校の新設が必要であることが言える。

⑷　兵庫県の外国人の子どもの現状

1．日本語指導が必要な子ども

表 8　日本語指導が必要な外国人と日本国籍の児童生徒数　（文部科学省）

年度		小学校		中学校		高等学校		中等教育学校		特別支援学校		合計		総数
		外国人	日本国籍	外国人	日本国籍	外国人	日本国籍	外国人	日本国籍	外国人	日本国籍	外国人	日本国籍	
平成 11	1999年度	12,383	1,144	5,250	357	901	91			51	15	18,585	1,607	20,192
平成 12	2000年度	12,240	1,278	5,203	387	917	132			72	17	18,432	1,814	20,246
平成 13	2001年度	12,468	1,535	5,694	438	1,024	112			64	21	19,250	2,106	21,356
平成 14	2002年度	12,046	1,930	5,507	510	1,131	144			50	18	18,734	2,602	21,336
平成 15	2003年度	12,523	2,122	5,317	582	1,143	166	10	2	49	14	19,042	2,886	21,928
平成 16	2004年度	13,307	2,277	5,097	663	1,204	186	15	5	55	6	19,678	3,137	22,815
平成 17	2005年度	14,281	2,388	5,076	646	1,242	163	23	5	70	12	20,692	3,214	23,906
平成 18	2006年度	15,946	2,860	5,246	797	1,128	193	21	5	72	13	22,413	3,868	26,281
平成 19	2007年度	18,142	3,318	5,978	888	1,182	167	25	0	84	10	25,411	4,383	29,794
平成 20	2008年度	19,504	3,593	7,576	1,072	1,365	197	32	16	98	17	28,575	4,895	33,470
平成 21	2009年度	（調査なし）												
平成 22	2010年度	18,365	3,956	8,112	1,257	1,980	244	22	13	132	26	28,511	5,496	34,007
平成 23	2011年度	（調査なし）												
平成 24	2012年度	17,154	4,609	7,558	1,240	2,137	273	24	17	140	32	27,013	6,171	33,184

＊注　特別支援学校：平成 18 年度以前は盲・聾・養護学校の合計である。中等教育学校は平成 14 年以前は統計なし
＊注　平成 21 年度、23 年度は調査が行われなかったため不明。
出典：文部科学省「日本語指導が必要な児童生徒の受け入れ状況等に関する調査」

－ 28 －

文部科学省は、「日本語指導が必要な児童生徒数[10]」の調査を「外国人児童生徒」と「日本国籍児童生徒」に分けて調査している（表8）。今回あまり意識されない「日本国籍児童生徒数」をあわせた表にした。「日本国籍」の子どもは急激な増加傾向であることがわかる。1999 年度を 100 とすると 2012 年度は 384％である。外国人の子どもは 153.7％である。国際結婚による重国籍者と海外勤務者の帰国家族の増加である。

表9は関西地域の統計である。日本語指導が必要な日本国籍を持つ子どもが兵庫県を含め増加していることがわかる（京都府を除く）。日本国籍をもつこの子どもたちは、「外国人」の統計には表れないため、正確な調査が必要となる。

表9　日本語指導が必要な日本国籍の児童生徒数（2012 年度文部科学省調査）

	小学校	中学校	高校	中等教育学校	特別支援学校	合計（人）	前年度比（%）	前年度数（%）
兵庫県	78	33	2	17	0	130	111.1	117
大阪府	298	136	45	0	0	479	116.5	411
奈良県	24	1	2	0	0	27	112.5	24
京都府	118	37	7	0	0	162	94.7	171
滋賀県	64	8	5	0	0	77	145.3	53

2．校種別人数と、在籍状況

兵庫県の日本語指導の必要な子どもが在籍する学校別人数は、他府県と同様に小学校に多く、次いで中学校となり、高校や特別支援学校での在籍は非常に少ない。兵庫県の特徴として、「芦屋中等」に特別枠（30 人）を設けていることから中等学校の在籍数が際立って多い（表 10）。中学校在籍者が多いのは小学校高学年もしくは中学校での外国からの編入生徒が多いことを示す。高校での在籍者が増えているが、県教育委員会の子ども多文化サポーター派遣校先から定時制や多部制高校に在籍者が多いことがわかる。

表 10　兵庫県内の日本語指導が必要な校種別人数（兵庫県教育委員会）

年度		小学校	中学校	高等学校	中等教育学校	特別支援学校	合計（人）	年度		小学校	中学校	高等学校	中等教育学校	特別支援学校	合計（人）
平成9	1997	373	118	3			494	平成18	2006	484	173	19	21	2	699
平成10	1998	398	163	19			580	平成19	2007	426	160	22	25	1	634
平成11	1999	376	204	13			593	平成20	2008	441	213	18	29	1	702
平成12	2000	359	180	29			568	平成21	2009	482	222	19	20	1	744
平成13	2001	408	180	31			619	平成22	2010	428	251	35	22	3	739
平成14	2002	—	—	—	—	—	—	平成23	2011	471	257	41	28	5	802
平成15	2003	442	287	24	10	1	764	平成24	2012	436	279	31	24	4	774
平成16	2004	467	272	27	15	0	781	平成25	2013	436	218	45	27	6	732
平成17	2005	479	234	18	19	1	751								

---

10)　文部科学省は、1997(平成9)年度より「日本語指導が必要な児童生徒数」の調査を開始した。

次に「日本語指導が必要な児童生徒」が各学校に何人ぐらい在籍しているかを見た。2013年度の日本語指導が必要な子どもが在籍する兵庫県の公立学校数は、小学校140校、中学校69校、高校22校、中等教育学校1校、特別支援学校6校である。

そのうち「2名以内」しか在籍しない少数在籍学校の割合は小学校で全体の70.7%（89校）、中学校で81.2%（56校）、高校で63.6%（14校）、特別支援100%（1校）である。在籍者が少数点在であることがわかる。しかも言語、日本語習得度は個々で違うため学校での指導体制はできにくく、担任教員への負担が多くなり、指導の大変さが推測できる。またその反面、学校に20人以上在籍する多数在籍学校が小学校で3校、中学校で2校も存在する。姫路市のベトナム人集住地域の学校である。

課題として、市町教育委員会は、地域の日本語・学習支援教室（団体）との連携を深める一方、市町内にセンター校を設置して指導方法、サポート、情報等の交流などの取り組み強化が必要であろう。

3．母語別在籍状況と増加の割合

日本語指導が必要な子どもの母語別人数を見ると、ベトナム語と中国語が上位を占める。中位は100人前後のフィリピノ語、ポルトガル語である。下位の50人前後にはスペイン語、韓国朝鮮語がある。さらに少数の「その他」がある（図3）。

1997年度を100として2012年度をみると、フィリピノ語は850.0%（2012年度85人）、スペイン語252.9%（45人）、韓国・朝鮮語250.0%（45人）、中国語198.4%（242人）その他156.7%（774人）で増加する言語である。減少はポルトガル語（80.3%、98人）だけである。合計156.7%の増加である。特にフィリピノ語の子どもの増加が著しい。一層の日本語支援体制の強化と、高校入試での特別制度が必要となる。

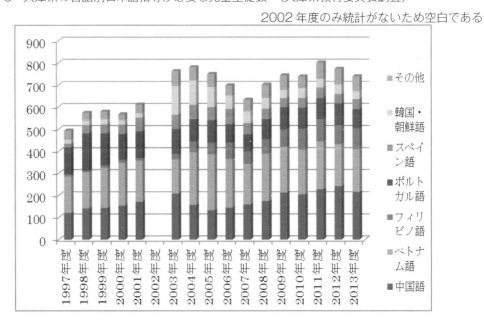

図3　兵庫県の言語別日本語指導が必要な児童生徒数　（兵庫県教育委員会調査）

4．地域（教育事務所）別の在籍状況

日本語指導の必要な子どもの居住地域は神戸（22.7%）、次いで播磨西（12.2%）、阪神（阪神南9.6%）となる。この地域に集住していることがわかる（表11）。

次に言語別の集中度も把握できる。ベトナム語は播磨西に集中し、中国語は神戸、阪神、県立高校で半数を占める。丹波ではポルトガル語が75%を超える。

多数在籍する市町では、神戸市、阪神の尼崎市、芦屋市、西宮市、播磨西の姫路市、播磨東の加古川市、明石市、加東の小野市、加西市、そして丹波の丹波市となる。

日本語支援が必要な子どもが全日制高校へ行きやすいようにこれらの地域に特別入学制度を設ける高校が必要であろう。

表11　日本語指導が必要な外国人児童生徒数（2012年5月1日現在）

兵庫県教育委員会調査

事務所等	計（人）	構成比	中国語	ベトナム語	ポルトガル語	フィリピーノ	韓国・朝鮮	スペイン語	インドネシア語	その他
神　戸	276	22.7%	116	51	5	36	15	17	9	27
阪　神	119	9.8%	52	8	15	8	15	7	5	9
宝　塚	44	3.6%	15	1	12	3	3	3	0	7
播磨東	53	4.4%	14	3	15	10	2	4	4	1
加　東	37	3.0%	2	1	18	3	1	8	0	4
播磨西	148	12.2%	6	120	8	8	6	0	0	0
光　都	5	0.4%	2	0	0	0	0	3	0	0
但　馬	14	1.1%	6	1	0	7	0	0	0	0
丹　波	21	1.7%	1	1	16	3	0	0	0	0
淡　路	3	0.2%	3	0	0	0	0	0	0	0
県立学校	54	4.4%	25	5	9	7	3	1	1	3
合計	1,218	100.0%	343	326	182	127	72	68	28	72

5．外国籍児童生徒の市町別在籍

　　表12は「学校基本調査」[11]で毎年調査される外国籍児童生徒数の2014（平成26）年度結果である（調査名称は「外国人児童生徒数」）。各市町の外国籍の子どもが公立の小中学校に在籍する割合「在籍率」は、兵庫県全体で0.6％である。在籍率の高い市町は尼崎市(1.0％)、次いで神戸市・加西市(0.9％)、芦屋市(0.6％)となる。上記の表11「日本語指導が必要な外国人児童生徒数（2012年度)」と比べると、概ね外国籍の子どもの半数が「日本語指導の必要な」子ども数となる。正確な調査が必要だが、外国籍の約半数は日本語指導が必要な「ニューカマー」と推測できる。またその他に、国際結婚が増加しているため外国人の親を持つ日本国籍の子どもが増えている（1996年出生の子どもは「14人に1人親が外国人」の見出しの1998年2月26日朝日新聞）。本報告書資料編に住民基本台帳法改定に伴う新設「複数国籍世帯」データを掲載した。「国際結婚」世帯である。日本語理解が不十分な外国人母と暮らす日本国籍の子どもが増え、この子ども日本語理解が不十分なため、やがて「高校進学」の壁にぶち当たるのである。このような子どもが日本人と「平等」な試験をクリアできるは難しい。「公平」な試験が必要となる。

---

11)　文部科学省が毎年、5月1日付の在籍調査を行う。

表 12　2014 年度　兵庫県の外国籍児童生徒数 (市町別)

	公立学校の外国人在籍数（人）			全在籍数（人）			在籍率
	小学校	中学校	計	小学校	中学校	計	
兵 庫 県	1,609	918	2,527	304,052	147,914	451,966	0.6%
神 戸 市	677	418	1,095	78,737	36,895	115,632	0.9%
姫 路 市	232	123	355	31,391	16,271	47,662	0.7%
尼 崎 市	187	132	319	22,300	10,290	32,590	1.0%
明 石 市	46	17	63	16,317	8,252	24,569	0.3%
西 宮 市	106	48	154	29,123	11,991	41,114	0.4%
洲 本 市	1	0	1	2,288	1,485	3,773	0.0%
芦 屋 市	26	12	38	4,725	1,590	6,315	0.6%
伊 丹 市	50	20	70	11,293	5,510	16,803	0.4%
相 生 市	2	8	10	1,345	735	2,080	0.5%
豊 岡 市	6	6	12	4,560	2,458	7,018	0.2%
加 古 川 市	66	26	92	15,326	8,195	23,521	0.4%
赤 穂 市	1	0	1	2,651	1,499	4,150	0.0%
西 脇 市	2	2	4	2,228	1,292	3,520	0.1%
宝 塚 市	47	30	77	14,709	5,662	20,371	0.4%
三 木 市	16	12	28	4,034	2,157	6,191	0.5%
高 砂 市	24	9	33	5,208	2,803	8,011	0.4%
川 西 市	14	2	16	8,662	4,340	13,002	0.1%
小 野 市	15	4	19	2,992	1,584	4,576	0.4%
三 田 市	12	11	23	6,055	3,325	9,380	0.2%
加 西 市	22	11	33	2,295	1,334	3,629	0.9%
篠 山 市	8	3	11	2,089	1,158	3,247	0.3%
養 父 市	3	1	4	1,256	703	1,959	0.2%
丹 波 市	20	6	26	3,662	2,069	5,731	0.5%
南 あ わ じ 市	0	0	0	2,623	1,139	3,762	0.0%
朝 来 市	1	4	5	1,625	940	2,565	0.2%
淡 路 市	0	0	0	2,117	1,180	3,297	0.0%
宍 粟 市	2	0	2	2,204	1,269	3,473	0.1%
加 東 市	9	3	12	2,516	1,063	3,579	0.3%
た つ の 市	3	3	6	4,487	2,288	6,775	0.1%
猪 名 川 町	0	0	0	2,218	982	3,200	0.0%
多 可 町	0	1	1	1,264	713	1,977	0.1%
稲 美 町	5	1	6	1,723	894	2,617	0.2%
播 磨 町	3	1	4	1,957	1,027	2,984	0.1%
市 川 町	0	0	0	582	394	976	0.0%
福 崎 町	0	0	0	1,140	577	1,717	0.0%
神 河 町	0	0	0	633	373	1,006	0.0%
太 子 町	3	4	7	2,423	1,139	3,562	0.2%
上 郡 町	0	0	0	782	444	1,226	0.0%
佐 用 町	0	0	0	819	551	1,370	0.0%
香 美 町	0	0	0	934	551	1,485	0.0%
新 温 泉 町	0	0	0	759	434	1,193	0.0%
中 等 ・ 付 属		56	56		358	358	15.6%

学校基本調査 [小学校・中学校外国人児童生徒数](市町別内訳) より編集したもの

第2部　第2章　外国人生徒に対する入試配慮の全国的状況

乾　美紀・小柴　裕子・金山　成美

⑴　はじめに

　外国人生徒が高校に入学しやすい配慮として、2つの制度が挙げられる。ひとつは、外国人生徒が一般の受験生と共に受験する際に何らかの措置を受けられる「特別措置」である。もうひとつは、入学枠に外国人生徒のための特別枠を設け選抜を行う「特別入学枠」の制度である。都道府県レベルに限ると、2013年度、特別措置は26、外国人生徒に対する特別入試枠制度は16の自治体で採用されている。

表1　日本語指導の必要な子ども都道府県別数からみる公立高校入試特別枠実施状況

2012・平成24年調査

都道府県		日本語指導が必要な外国人児童生徒数（人）	日本語指導が必要な日本国籍の児童生徒数（人）	計（人）	構成比	外国人特別枠実施都道府県
順位	総数	27,013	6,171	33,184	100.00%	○は実施を示す
1	愛　知	5,878	1,113	6,991	21.10%	○
2	神奈川	2,863	771	3,634	11.00%	○
3	東　京	1,980	816	2,796	8.40%	○
4	静　岡	2,488	271	2,759	8.30%	○
5	大　阪	1,966	479	2,445	7.40%	○
6	三　重	1,700	165	1,865	5.60%	○
7	埼　玉	1,188	267	1,455	4.40%	○
8	千　葉	950	398	1,348	4.10%	○
9	岐　阜	1,030	86	1,116	3.40%	○
10	滋　賀	975	77	1,052	3.20%	
11	群　馬	850	109	959	2.90%	○
12	兵　庫	774	130	904	2.70%	
13	茨　城	686	170	856	2.60%	○
14	栃　木	575	80	655	2.00%	
15	長　野	445	101	546	1.60%	
16	福　岡	354	181	535	1.60%	○
17	広　島	351	84	435	1.30%	
18	京　都	246	162	408	1.20%	
19	富　山	303	36	339	1.00%	
20	山　梨	193	85	278	0.80%	

出典：文部科学省「日本語が必要な児童生徒の受入れ状況等に関する調査（2012年）

（辻本久夫作成）

　以上を見ると、兵庫県は日本語指導が必要な子どもの数が12位であるにもかかわらず、特別枠が実施されていないことが分かる。

　さて、入試配慮は、自治体によって大きく異なり、毎年のように制度が変化しているため、本章で

は全国的な状況を把握することを試みることとした。方法として、特別措置については、主に小島（2014）から情報を得ることとし、特別入学枠は16自治体の教育委員会担当者に電話で聞き取り調査を行った。電話調査を行った期間は、2014年4月～5月である。

(2) 特別措置

　特別措置の方法として、主に次の3つが挙げられる。それは、①試験の問題文にルビを振る、②試験の時間を延長する、③試験の科目を減らす「科目減」の方法である。試験時間の延長については、神奈川が1.5倍、大阪が1.3倍、長野、京都、滋賀が各10分間など様々である。兵庫県は、休憩時間をつぶして時間延長する制度を取っている。科目減については、5教科のところを国、算、英の3科目に減らす場合が多い。

　現在、26の自治体が実施している特別措置の実施について、方法別にみると、以下のように記すことができる。

表1．特別措置の種類と実施自治体（重複あり）

方　　法	実施自治体
①　ルビ振り	東京、神奈川、富山、長野、滋賀、京都、大阪、兵庫、佐賀、長崎、鹿児島 （計11件）
②　時間延長（10分～75分）	東京、神奈川、長野、滋賀、京都、大阪、兵庫、奈良、福岡、佐賀、鹿児島 （計11件）
③　科目減 （5教科→3科目または2科目）	栃木、福井、山梨、長野、岐阜、奈良、鳥取、佐賀、熊本 （計9県）

（小島 [2014] より作成）

　表1に示したように、特別措置を採用する方法は多彩で、科目減、ルビ振り、時間延長の全てを併用する（長野）、ルビ振りと時間延長を行う（東京，神奈川，兵庫）など、さまざまな方法が見られる。なお、特別入学枠の制度は設けずに、特別措置のみ実施する県もある。

(3) 特別入学枠

　2013年度現在、特別入学枠を持つ都道府県は、福島、茨城、群馬、埼玉、千葉、東京、神奈川、岐阜、静岡、愛知、大阪、三重、奈良、福岡、長崎、鹿児島、の16都道府県である。

　この他、広島、京都は中国帰国者のみに対する特別入学枠を設置している。

　次に、これらの都道府県が持つ特別入学枠について、次の項目（5点）の特色を中心に整理していく。

```
1．対象生徒        2．実施高校の選択理由
3．検査内容        4．高校受け入れ後のサポート体制
5．特別枠の効果
```

1．対象となる生徒

　ほとんどが来日3年以内の生徒を対象としていることが特徴である。しかしながら、大阪、三重、愛知、奈良、福岡の5都道府県は、小学校4年以上の学年編入、または来日6年以内の生徒を対象としている。

２．実施高校の選択理由

特別枠を持つ学校を選択した理由を聞き取り、整理したところ、以下の４つに分かれる。まず、特別入学枠を持つ自治体のうち、県内の高校全てで受け入れる自治体は６ある。これは敢えて拠点校、重点校などを設けることなく、どの学校でも外国人生徒を受け入れようとする方針に基づいている。

表２．実施高校の選択理由

実施校	都道府県名	計
① 全ての公立高校	茨城、群馬、岐阜、長崎、鹿児島	5
② 国際科や英語に関するコースがある高校	福島、愛知、奈良、神奈川、三重（拠点校からの拡大）、福岡（英語コースから職業コースに拡大）	6
③ ②＋地域バランス	埼玉、千葉、静岡	3
④ 外国人集住地域	東京・大阪	2
		16

（筆者らの教育委員会への聞き取りにより作成：2014）

次に、国際科、英語科などで重点的に受け入れている自治体は６ある。もともと国際化を目指そうとする方針や留学生などを受け入れた経験がある学校を中心とする例である。

重点的な受け入れを行っているケースの中で、福岡は学区のうち英語コースを持つ学校が外国人生徒を受け入れていたが、職業コースにも受け入れて欲しいというニーズが高まり、19校に拡大したという経緯がある。埼玉、千葉は、静岡は在籍人数や生徒の通学を意識し、受け入れ校を最初に考えたうえで、外国人生徒が県内各地から通学できるように、地域バランスを考慮して校数を増やしていく制度を取ってきた。なお、東京、大阪はもともと外国人が多く住んでいた地区の高校に特別枠を設けたという経緯がある。

３．検査内容

検査内容も実施府県によって多様であり、表３のように分けることができる。

表３．受検の際の検査内容

学力検査	検査内容		都道府県名	件数
あり	科目減	＋面接	茨城、神奈川、愛知、群馬（３科目） 埼玉（２科目）	5
		＋面接・作文	福島、岐阜、福岡（３科目） 奈良（２科目）	4
		＋作文（母語でも可）	大阪（２科目）	1
	面接＋作文＋当該高校が指定する科目		三重	1
なし	日本語基礎力試験＋作文		静岡	1
	面接と作文		千葉、東京、長崎	3
	調査書＋面接＋作文		鹿児島	1
（３科目の場合は、国・数・英、２科目の場合は数・英）				16

（筆者らの教育委員会への聞き取りにより作成：2014）

表3に表したとおり、ほとんどが科目減を採用しているが、千葉、東京、長崎では学力検査を行わない。その理由は、「高校の勉強について行けるかどうかを総合的に見る」（千葉、長崎）、「学力よりも能力や適性、意欲を見たい」（東京）ためである。長崎の場合、面接で日本語能力を確認し、高校入学後のサポートがあれば可能と判断すれば、受け入れるシステムを取っている。このように、学力よりも生徒自身の可能性を見るケースもある。

検査内容に特徴があるのは、静岡の日本語基礎力試験である。この試験は県独自のもので、口頭による聞き取りと、作文を組み合わせた試験である。また、大阪府の作文試験は母語での執筆が認められており、外国人が受験しやすい制度が考慮されている。

4．高校での支援体制

高校に入学した外国人生徒への教育支援は、特別入学枠を持つ都道府県が必ずしも実施しているわけではないが、生徒の事情に合わせて学校ごとに対応するケースが多い。

表4．高校での支援体制　（重複あり）

教育支援体制		実施都道府県	特記事項
人材	外国人適用指導員	岐阜	学習内容支援、適応指導、日本語指導
	加配教員の配置	福島、埼玉、岐阜、大阪	各校1名を配置（埼玉） 複数在籍校に2名を配置（岐阜）
	母語理解者の配置・外部支援員（サポーター支援）	千葉、茨城、神奈川、静岡、愛知、三重、奈良、大阪、兵庫、長崎、鹿児島	教育補助員［非常勤］配置（静岡） 中国語話者教員を配置（長崎） 通訳、日本語指導、適応指導（千葉） 日本語指導補助、進路相談（三重） 民族講師、臨時講師を採用（大阪）
	日本語支援員	三重	学習支援、教育相談
	多文化教育コーディネータ（生徒に合った教育支援設計）	神奈川	NPOと連携した協働事業
授業方法	抽出授業	東京、奈良、福岡	非常勤講師を採用して指導（奈良） 日本語を指導（福岡）

（筆者らの教育委員会への聞き取りおよび小島［2012］より作成）

最も多いのは母語の理解者をサポーターや支援員として雇用し、学校に配置する教育支援である。特に大阪ではバイリンガルの外国人を民族講師として採用し、教科学習補助や母語教育指導などにより生徒の学力定着に貢献している。また神奈川では、地域のNPO（多文化共生教育ネットワークかながわ）と連携し、各生徒のニーズに合った教育支援計画を設計したうえで指導を行っている。このように、特別枠を採用した自治体では、外国人生徒を受け入れるだけではなく、学力を定着させるために入学後もサポートしていることが特徴である。

5．特別枠の効果

最後に、特別入学枠は各自治体でどのような効果をもたらしているだろうか。このことについても各都道府県の担当者に追加的に電話インタビューを行った。その際、高校卒業後の進路や生徒全体の様子について答えるケースが多かったので、次表に記載しておく。

筆者らはあくまでも大学に進学することのみが特別入学枠の効果であると捉えていないが、大学に進学し、さらに教育を継続することは、高校への入学なしでは達成できないため、大阪府のケースは

大きな成功例といえるだろう。

　なお、学校ごとに集計しているため具体的な数字を把握していなかったり、県単位で独自に取りまとめた結果、公表をしていないという回答も目立った。

表5. 特別枠の効果に関するインタビュー結果

都道府県名	効果についての報告
千葉県	外国人枠で入学した18名のうち、10名が大学に進学（他、浪人、就職、専門学校進学など）。[2013年度]
奈良県	採用学校の1校では、進学者24名中、13名が大学・短大に進学（他、アルバイト、帰国、就職など）。[2004-11年度]
大阪府	採用学校の1校では、生徒全員が大学に進学。大学院まで進んだ生徒もいる。AO入試を使って有名私立に合格するケースもあり、後に続く生徒のモデルになっている。
福岡県	高校に入れる学力があるのに、日本語能力不足で受験が厳しい生徒に、高校教育の機会を与えられるのが、何よりの効果。
その他	学校ごとに集計している県が多い。埼玉県は、県単位で独自に取りまとめている。

⑷　おわりに

　以上のように、外国人生徒に対する入試配慮は自治体によって大きな差があり、それぞれの事情や生徒のニーズに応じて異なる。そして特別入学枠を採用した自治体の中には、入学後も予算を配分し、様々な形で支援を継続しながら、大学進学につながるまで生徒の学力を高めているケースもある。特別枠の効果については、各自治体によって解釈が異なるだろうが、特別入学枠の導入により高校への進学機会が広がることで、生徒の高校卒業後の選択肢が広がり、さらに学力を高めることで多彩な専門分野に従事できるという効果に期待したい。

　最後になるが、外国人生徒が学校にいることで、日本人生徒が多様性を肌で感じ、多様な文化を日常生活で感じることが可能となる。グローバル化が進む中、特別入学枠の採用は、日本人生徒にも多様性の中で生き抜く人間力や国際性をもたらすメリットがあると考える。

引用・参考文献

小島祥美（2014）「外国人の高校入学者選抜をめぐる自治体間比較」『移住労働者と連帯する全国ネットワーク・情報誌Mネット Migrants Network』（168）14-15

ヒューマン・グローバリゼーションにおける教育環境整備と支援体制の構築に関する研究　研究代表：小島祥美（2012）『2011年度　外国人生徒と高校にかかわる実態調査報告書』

第2部　第3章

⑴　他府県の取り組み　奈良県

落合　知子

1．はじめに

　2013 年の統計によると、奈良県に居住する外国籍住民は 11 万 107 人。その数は 48 都道府県中の 27 位であり、決して外国人集住県というわけではない。しかし 1986 年に奈良県教育委員会は全国に先駆け「在日外国人児童生徒に関する指導方針」[12] を策定し、そのほかの様々な教育支援とともに県立高校入試における「帰国生等特例措置」（以下特例措置、と記述）がとられた。これらの支援の結果、過去 5 年間奈良県の外国人の高校進学率は概ね 80％となっている。本節では奈良県における高校就学を中心とした外国人生徒への教育支援を概観する。

2．歴史的展開

　奈良県は外国籍住民及び外国人児童生徒の数[13] こそ少ないが、20 世紀初頭より朝鮮人労働者が県内のトンネル工事、飛行場建設等過酷な労働を担ったという歴史がある。この歴史的経緯の中、奈良県における外国人教育支援は 1970 年代、有志教員による在日コリアン高校生への就職支援を皮切りに様々な支援[14] が行われてきた。そして近年、在日コリアンのみならず、新渡日の子どもたちにも支援の輪を広げている。その背景には中国、フィリピン、ブラジルなど 50 を超える国と地域にルーツを持つ子どもたちが 1997 年から 2013 年までの間に 331 人から 1175 人へと 3 倍に増えてきたという現実がある。この現実を踏まえつつ、在日コリアン支援、さらには同和教育を担ってきた教員らが中心となり、国籍や言語・文化の異なりが進路選択に不利に働かないよう、新渡日の子どもたちへの教育支援・実践が進められてきた。

3．県立高校入試における「帰国生等特例措置」による支援

　奈良県では 1990 年に始まった県立高校入学への海外帰国生徒と中国等帰国者の「特例措置」では 1998 年より渡日 3 年以内の外国人生徒を応募資格に加え、2007 年度より「原則として小学校第 4 学年以上の学年に編入学した」新渡日の生徒に応募資格を拡大した。現在は県内のいずれも中部地域に所在する県立高校 3 校[15] の国際関連のコースに「若干名」の募集枠を設け、新渡日生徒に公立高校進学の道を開いている。入試科目は英語と数学と作文、そして面接試験を課している。制度開始以来、不合格となった者は全く日本語ができない、あるいは聴覚障害を持つ 3 名のみである（松谷、2010）。2008 年から 2012 年までの外国人中学 3 年生の進路は表 1 の通り。

表1　奈良県外国人の中学卒業生の進路先（2008 － 2012）　谷（2014）より筆者作成

中3 外国人生徒数	全日制 （特例措置）	定時制	通信制	特別支援	専門学校	就職	帰国転校	その他	回答なし
256	186（19）	11	2	1	3	2	5	8	38
100%	73%（7%）	7%				5%			15%

---

12)　在日外国人児童生徒に関する指導指針 http://www.pref.nara.jp/5946.htm（2014.9.24　on-line）

13)　2013 年度の奈良県外国人教育研究会調査では 1547 名の在日外国人児童生徒が在籍し、そのうち 372 名が在日コリアン、1175 名が新渡日の児童・生徒である（奈良県外国人教育研究会 2014 年度総会議案書より）。

14)　奈良県における在日コリアンへの教育支援は下記のとおりである。有志の教員らが 1979 年に「奈良・在日朝鮮人教育を考える会」（現「多文化共生フォーラム奈良」）を設立し、1980 年に奈良県高等学校同和研究会（現、奈良県高等学校人権研究会）の内部に在日朝鮮人教育研究委員会を新設、1990 年には奈良県外国人教育研究会（県外教）を設立し、県内の就職・教育差別解消のための活動や子どもたちの交流会、教材開発をすすめてきた（黒田、2009）。

15)　今年度は特例措置枠を持つ 3 校とは高取国際高校・法隆寺国際高校・二階堂高校である。このうち 1 つ二階堂高校が普通科国際理解コースからキャリアデザイン科への改組に伴い、2015 年度入試の特例処置枠の応募を停止し、2016 年度以降他校にて復活を予定している。行方を注目したい。

また高校入学後の新渡日生徒への支援も行われている。具体的には「地歴・古典の授業を対象とした取り出し授業」、「日本語指導と母語保障」、「国際クラスなどの居場所つくり」である。これらの取り組みにより、新渡日生徒の高校就学を支援し、就職・進学へ導いている。

4．高校就学支援の効果と課題
4－1効果
　特例措置を受け、高校就学を果たした子どもたちの進路に関しては3校のうち1校である高取国際高校でのみ表2のとおり進路先を集計・公表している（長岡、2013）。

（表2）高取国際高校特例措置卒業生進路（2004－2011）

大学・短大	専門学校	アルバイト・未定	兵役義務により帰国	就職	合計
13	1	7	2	1	24

　これによると58％の生徒が高等教育への進学を果たしている。また就職をした生徒も奈良県屈指の高級ホテルで自らの中国語能力を生かすことで活躍をしており、奈良県にとって有為な人材がこの制度を利用して社会に巣立って行っていることが伺われる。
　さらに特例措置を持つ法隆寺国際高校が行う多文化フェスタ等でも、特例措置で入学を果たした生徒とその家族が祖国の文化紹介を行い、すべての生徒に多文化教育、国際理解教育の教育資源を提供している事例も報告されている。

4－2課題
　奈良県の特例措置の応募資格は小学校4年以上で、最長でも高校受験までは6年間の期間を日本で過ごしたものに特例措置応募の道を開いている。この応募資格は特例措置を設けている自治体の中でも比較的長い[16]。しかし学習思考言語の形成には5～7年、日本語の場合は漢字の習得も含まれるので10年に及ぶ。応募資格が広く設定されている奈良の特例措置をもってしても、学習言語の形成という点からみると十分とは言い難い。この点は有志教員の間でも認識されており、応募資格のさらなる拡大を1つの課題として挙げている（松谷、2010）。
　また現在の特例措置の入学枠はいずれも奈良県中部の国際系コースのある県立高校におかれている。地域的な広がりや、職業科の選択の可能性などより広い選択肢を応募者に提供する必要性も指摘されている（谷、2014）。
　奈良県の外国人教育支援は同和教育や在日コリアン支援の歴史の中で培われた。不利な立場におかれやすいものを支援し、時に共闘し、進路保障を含む教育活動を展開してきた。そのため教育支援による「公正な社会つくり」の重要性が当事者と有志教員の間で深く理解・認識され、この理解の輪を広げる努力が日々なされていることが伺われた。

（引用文献）
黒田恵裕（2009）「奈良の外国籍の子どもたち」『M-net No.124 2009.11』移住労働者と連帯する全国ネットワーク
谷敏光（2014）「特集　在日外国人中学生の高校進学の現状と課題（2）　特別入学枠の全国設置状況について」『通信ナラ　2014年新春号』多文化共生フォーラム奈良
松谷操（2010）「『帰国生徒等特例措置』ってだれのためにあるの？」『通信ナラ　2010年秋号』多文化共生フォーラム奈良
長岡伸好（2013）「高取国際高校における『帰国生等特例措置』による入学者の推移及び卒業後の進路について」『通信ナラ 2013秋号』多文化共生フォーラム奈良

16）　応募資格を持つ新渡日生徒の滞日年数は最長が山梨の7年で、次いで愛知・三重・大阪・福岡そして、奈良が6年である（谷、2014）

(2) 他府県の取り組み　大阪府

辻本　久夫

1．大阪府の制度と府教委の基本姿勢

　　大阪府の日本語指導の必要とする生徒への入学選抜での「配慮」は、1989 年から始まる。1980 年代後半から大阪の高校に中国帰国生が少数だが入学してきたことから高校教員の関心が高まり、時間延長とルビだけの配慮では、大きな溝は埋まらないと中高の教員たち中心に「特別の入学試験の必要」の意見交流会が多く持たれた。当時の資料によると、1988 年〜 95 年度の8年間の「渡日生」[17] の全日制高校進学率は 68.7%（府全体は 91.6%）、特に 95 年度は 54.2%（同 91.8%）と大幅に低下していた。

　　府教委は府立高校統合再編計画が進行する中

表1．大阪府の公立高校入試での配慮の歩み

1989 年度	学力検査時間の延長 1.3 倍、別室受検
1990 年度	辞書持込み可、特別選抜制度が始まる（府立2校に「特別枠」設置）
1993 年度	科目ごとに「ふりがな表」の配布
1995 年度	問題文に直接ルビがつけられた
1996 年度	総合学科の小論文で、外国語使用が可
2000 年度	2種類の辞書持込み可、国語を作文に変更（外国語のキーワード記載）
2001 年度	府立2校で特別受入れ選抜が開始
2015 年度	受入れ校が1校増決定（計6校）

で、2001 年度に初めての「特別選考」を実施した。以降 2014 年度までに受入れ校は5校に拡大した。（2015 年度より6校目実施）

　　2014 年度実施要項には、「大阪府公立高等学校の入学者選抜は、本入学者選抜実施要項の定めるところにより、基本的人権を踏まえ適正に実施する。」とある。大阪府教委は「基本的人権を踏まえ」を重視し、ハンディを持つ子どもへの支援する（配慮である）、優遇制でなく公平性として実施していると説明する。（下線は筆者）

2．選抜内容の詳細

(ア)　海外から帰国した生徒の入学者選抜

① 1990（平成2）年度より実施：当初府立2校（2014 年度実施は府立 10 校、大阪市立4校、東大阪市立1校の計 15 校）

② 応募資格：原則として外国において継続して2年以上在留し、帰国後2年以内の者。当初日本国籍生徒だけであったが、現在では外国籍生徒も受検可能である。

③ 募集人員：若干名（2014 年度募集定員の 10%以内は 12 校、6%以内は1校、3%以内は2校）

④ 選抜の資料：学力検査（数学、英語）、作文（国語の代わり、英語または外国語）、英和辞典以外の和訳辞書1冊の持ち込み可

(イ)　中国等帰国生徒及び外国人入学者選抜

① 2001（平成 13）年度選抜から実施：中国から帰国した生徒（いわゆる中国残留孤児の二世や三世、中国籍または日本国籍）、就労または国際結婚のために来日した外国人の子どもたちに対して、選抜方法に配慮した選抜として実施。2014 年度より現在の名称に変更。当初府立2校でスタートする。2014 年度は府立5校、2015 年度は府立6校に決定済

② 応募資格：中国等から帰国した者又は外国籍を有する者で、原則として小学校第4学年以上の学年に編入した者（第3学年編入の子どもも考慮される）

③ 募集人員：若干名（募集定員の5%以内は4校、6%以内は2校）

④ 選抜の資料：学力検査（数学、英語）、作文（国語なし、キーワード併記、外国語の使用を認める）、学力検査時間の延長、ルビ打ち、辞書の持ち込み2冊まで可

---

17)　「渡日生」とは、大阪府内で外国から来た子ども（外国生まれ）を総称する表現

⑤　中国帰国生徒等に対する配慮事項
　　　１．本人及び保護者が、日本に永住することを目的として、中国等から帰国、又は入国した者。帰国又は入国後、原則として小学校第１学年以上の学年に編入した者
　　　２．学力検査時間の延長：前期選抜時間の 1.3 倍
　　　３．事前申請（「時間延長」が認められた者で希望する者）：辞書持込み、作文および小論文のキーワードの外国語併記、小論文及び自己申告書における外国語の使用

３．大阪府の高校進学
　(ア)　特別選抜の「海外から帰国……」と「中国等帰国……」で受検するときは事前に、府教委事務教局の審査がある（高校独自判断では受検できない）。
　(イ)　大阪府の高校の「日本語指導が必要な外国人児童生徒」数が全国で２番目に多いことから、大阪での高校への進学者が多いことがわかる。府教委発表の「日本語指導が必要な外国人児童生徒」の高校進学率の推移では、2005 年度（79.0％）から 2009 年度（90.0％）と向上している。
　(ウ)　外国人生徒が受験できる入学選抜
　　　▶　大阪府では、外国人生徒は渡日年数で「海外から帰国……」、また「中国等帰国……」を受けることができる。試験科目はともに作文（外国語でも可）、数学、英語である。
　　　▶　大阪府では過去は４学区であったが、現在は「全府一区」となっているため、受入れ校もどの居住地からでも希望する高校を受験できるため、志願者に偏りができ、募集定員を超えれば当然不合格もあり、その場合は定時制や通信制高校に進路変更をしているケースもある。
　　　▶　「中国等帰国……」の実施校は、2014 年度では５校。「海外から帰国……」は 15 校。来日２年以内である外国籍生徒は「海外から帰国……」も応募できる。ともに原則として、定員内不合格はない。
　　　▶　大阪府では、上記の制度を活用して、多くの外国にルーツをもつ生徒が公立全日制高校に入学している。

特別枠入試（全日制）	入学年度	2012	2013	2014
中国等帰国生徒及び外国人生徒入学者選抜（全５校）	志願者数	59	71	57
	合格者数	51	60	52
海外から帰国した入学者選抜（外国籍も可）（全 15 校）	志願者数	42	39	47
	合格者数	41	39	45

大阪府教育委員会発表

４．大阪の課題
　　大阪では、受入れ学年が大きな課題である。すなわち「日本生れ」や「小学校１、２年以前に編入した子どもたち」がこの「特別枠制度」から外れているのが課題となっている。この子どもたちは「ダブルリミテッド」と言われ学習の遅れが指摘され、高校入試での困難さが指摘されている。また、受入れ後の高校間でケアに大小があることも大きな課題である。

参考文献
第６回かんさいネットフォーラム資料（2002 年７月）
大阪府教育委員会ＨＰ（2014 年度）
「府立高校での渡日生徒教育の経過と現在」（府立門真なみはや高校教員　大倉安央、おおさかこども多文化センターニュースレター№ 17、2014 年６月発行）
府立外教 2014 年度春期研修会・第 23 回総会資料（2014 年５月）

第2部　第4章　子どもたちを支援する教育行政の取り組み

⑴　はじめに

辻本　久夫

　　兵庫県教育委員会は、1998（平成10）年に「人権教育基本方針」、2000（平成12）年に「外国人児童
生徒にかかわる教育指針」を策定して、多文化共生の視点に立ち、外国人児童生徒の自己実現を支援す
るとともに、すべての児童生徒が多様な文化的背景を持つ人々と豊かに共生する心を培うことを目指し
た子ども多文化共生教育を組織的・計画的に推進している。

１．事業内容（子ども多文化共生支援事業の実施）[18]
　㋐　「子ども多文化共生サポーター」派遣事業（2002・平成14年度〜）詳細は今章に掲載
　㋑　「子ども多文化共生サポーター」等研修会の実施
　　①　日本語指導研究推進事業の実施：研究推進校の選定（2014・平成26年度、4校）
　　②　日本語指導が必要な児童生徒に対する「特別の教育課程」の研究および実践
　　③　「JSL（第2言語としての日本語）カリキュラム」の研究および実践
　　④　2006・平成18年度からの「JSLカリキュラム」実践支援事業の継続事業
　　⑤　日本語指導カリキュラム及び教材リストの作成
　㋒　子ども多文化共生教育の推進等「子ども多文化共生センター」の運営（2003・平成15年10月〜）
　　　設置趣旨は「すべての児童生徒が互いを尊重し合い、多様な文化的背景を持つ外国人児童生徒と
　　　豊かに共生する真の国際化に向けた教育の取り組みや外国人児童生徒の自己実現の支援などをコー
　　　ディネイトしながら、総合的な施策の展開を図る拠点として設置」とある。事業として、次の
　　　ことがあげられている。
　　①　外国人児童生徒等にかかわる教育相談：サポーター業務、センター資料、進路他
　　②　「子ども多文化共生サポーター」の派遣調整や助言
　　③　多言語による学習教材等の作成：「就学支援ガイドブック」「社会科教材」ほか
　　④　各種資料等の展示及び貸出：書籍・教材、玩具・楽器等、民族衣装、視聴覚資料
　　⑤　多文化共生にかかる情報の収集・発信
　　⑥　多文化共生にかかる研修会や交流活動の企画・運営
　　⑦　多文化共生ボランティアの活用：日本語・母語指導、通訳、翻訳、異文化紹介
　㋓　帰国・外国人児童生徒支援事業の実施（国補助事業）
　　①　県の取り組み：運営協議会の設置・開催（年2回）、日本語能力測定方法活用のための協議会
　　　等の実施、「特別の教育課程」導入に向けた協議会の実施（4校）、外国人の子どもの就学状況
　　　調査の実施、就学ガイダンスの実施（4会場、詳細は今章に掲載）
　　②　市の取り組み（指定地域神戸市、姫路市、芦屋市、朝来市）：連絡協議会の開催、初期指導教
　　　室（プレクラス）の実施、市内の学校にセンター校を設置、日本語能力測定方法活用のための
　　　協議会等の実施、「特別の教育課程」導入に向けた協議会の実施
　　③　外国人児童受入促進事業（2007・平成19年度〜）

２．現在は実施されていない事業
　㋐　新渡日の外国人児童生徒にかかわる母語教育支援事業（2006・平成18〜2010・平成22年度）
　㋑　子ども多文化交流フェスティバルの開催（2001・平成13〜2006・平成18年度、以降は兵庫県
　　　ヒューマンフェスティバルとして実施）

---

18)　2014・平成26年度兵庫県教育委員会人権教育課ＨＰより

(2) 「子ども多文化共生サポーター派遣事業」について

山中　浩路

　本事業は、日本語指導が必要な外国人児童生徒が在籍する公立学校において、教員等と外国人児童生徒のコミュニケーションの円滑化を促すとともに、生活適応や学習支援、心の安定を図るなど、学校生活への早期適応を促進するため、2002年度より始まり本年度で13年目を迎える。この制度の前身である外国人児童生徒指導補助員派遣制度は1999年度から始まっている。

1．派遣の形態について
　①　緊急対応型派遣……派遣校に在籍する日本語指導が必要な外国人児童生徒の在留期間が6ヶ月未満の場合は、派遣当初の6ヶ月は、1週間に3回程度。それ以降は1週間に1回程度。
　②　初期対応型派遣……派遣校に在籍する日本語指導が必要な外国人児童生徒の在留期間が6ヶ月以上2年未満の場合は1週間に1回程度。
　③　特別対応型派遣……日本語指導が必要な外国人児童生徒が多数在籍する派遣校については、派遣回数を1週間に1回程度追加することができる。

2．子ども多文化共生サポーター派遣校数について（県費としての派遣校数）
【地域別】

年度	阪神	播磨東	播磨西	但馬	丹波	淡路	神戸	県立	合計
2005	27	20	16	2	4	5	61	5	140
2012	58	43	31	12	6	4	109	26	289
2013	45	38	23	12	2	1	48	13	182

【言語別】

	中国	スペイン	ポルトガル	ベトナム	フィリピノ	韓国・朝鮮	インドネシア	ロシア	ネパール	ペルシャ	アラビア	ヒンディ	ルーマニア	モンゴル	ウイグル	ウルドゥ	タイ	フィンランド	フランス	ブルガリア	イタリア	その他
2005	30	15	22	22	26	11	3	2	0	0	0	1	0	1	0	3	3	0	0	0	0	1
2012	94	19	31	30	57	17	15	4	3	2	4	1	1	1	2	2	2	1	0	1	1	1
2013	64	15	18	23	35	11	7	1	1	1	2	1	0	0	0	1	1	0	0	1	0	0

3．今後の課題
　子ども多文化共生サポーターは、子どもと子ども、子どもと教職員、保護者と学校をつなぐ重要な役割を果たすとともに、外国人児童生徒の自尊感情の形成にも大きく寄与している。しかし、日本語指導が必要な外国人児童生徒数は減っていないにもかかわらず国の予算が削減され、2014年度からは配置の基準が在籍期間3年未満から2年未満へと変更になり、サポーターの配置校は減少傾向にある。市費で配置しているところもあるが、さらなる減少が危惧される。子どもたちの教育を受ける権利を保障するためにもサポーターの増加、雇用条件の改善は必要不可欠である。

⑶　就学支援ガイダンスの重要性

野津　隆志

1．就学支援情報の発信の重要性

　　外国から来た児童生徒とその親は、日本の学校教育に関する基本情報がきわめて限られている。彼らは各自の個人的ネットワークやインターネットを使って学校や進学についての情報を収集しているのが現状である。そのため、十分な進学や進路のための情報やアドバイスが受けられないという課題がある。

　　こうした課題に応えるため、兵庫県では就学支援ガイダンスが実施されている。また、兵庫県教育委員会・子ども多文化共生センターはウェブサイトに「就学支援ガイドブック」を 11 言語で掲載している。[19] さらに、同委員会は H25 年（2013 年）には、「あなたは、どの高校をえらびますか」を 10 言語で作成し、掲載している [20]。

2．兵庫県における就学支援ガイダンスのはじまり

　　現在、就学支援ガイダンスは県や市の教育委員会が主催し、地域の支援団体が協力する体制で実施されている。しかし、同ガイダンスは、当初は民間の支援団体の手によって始まった。

　　ガイダンスを最初に実施したのは、兵庫県下の地域の学習支援教室や日本語教室の連絡調整や研修会を実施している「兵庫日本語ボランティア・ネットワーク」である。同ネットワークは 1997 年に結成されたが、日本語を学びに来る子どもや保護者から就学に関する相談が数多く寄せられていた。そこで、同ネットワークは 2003 年（H15）ごろから就学ガイダンスを行うために準備を重ねた。

　　当初、同ネットワークは、進路ガイダンスの重要性を行政、県行政や県市教委に訴えたが、「責任の所在が不明確で共催団体になれない」という理由で共催しなかった。そこで、同ネットワークが主体となって、2005 年（H17）に初めて神戸と姫路でガイダンスを実施した。また同時期に『外国の子どもたちのための進路ガイドブック：兵庫県版』を 8 言語で作った。

3．兵庫県教育委員会の主催への転換

　　兵庫県教育委員会は、ガイダンスの重要性を認め、2007 年（平成 19 年）から同委員会が主催者となり、さまざまな市民団体と共催し、実施することにした。現在では、神戸、姫路など外国人集住地域だけでなく開催地も増加している。平成 26 年度は、神戸、西宮、加西、姫路の 4 カ所で実施された。

　　ガイダンスには外国人児童生徒及びその保護者だけでなく、外国人児童生徒にかかわる教職員や支援関係者などが参加し、どの会場も毎回盛況である。

4．就学支援ガイダンスの内容

　　ガイダンスでは、「教委による高校入試の説明」、ガイダンスが開催される「地域にある県立高校の紹介」、「先輩による体験発表」、さらに「個別の教育相談」が行われている。

　　この中で、特に「先輩による体験発表」は、学校教師、日本語教室、仲間、家族などの支援を受けることで先輩がいかに目標を達成したかがよく分かり、後輩たちが将来の目標を作り、自分のロールモデル（なりたい先輩）を描くために大きな効果が出ている。たとえば，次のような体験談が発表さ

---

19)　http://www.hyogo-c.ed.jp/~mc-center/ukeire/ukeire.html

20)　http://www.hyogo-c.ed.jp/~mc-center/ukeire/donokoukou.html

れている。

「私は母語が話せることを恥ずかしいと思っていました。ある日高校の友だちに母語ができることを褒められたことで、二ヶ国語を使えることがすごいことであると初めて気付きました。日本人の友だちにそう言ってもらい、とても自信がつきました。私はこれから就職活動を控えていますが、母語を話せることをアピールしていきたいです。」

「中2では欠席が多く、中3では不登校になり学力も低下しました。しかし、中学の担任の勧めがあり、進学することにしました。高校では、仲間との出会い、ボランティアの経験、文化祭などを通して、楽しみを感じるようになりました。これまでの苦しいことを乗り越えられたのは、自分の目標があったからです。勉強で困ったときは、親に頼ることは出来ないので、自分で何度も調べてクリアにしていくしかありませんでした。勉強のコツは、『読みながら書く』こと。このやり方で、頑張ってきました。」

「私の親は船で避難してきたベトナム人です。勉強は、『将来のため』と思ってやっています。大学受験では勉強に困ったことがたくさんありました。それでも乗り越えられたのは、親が支えてくれたからです。」

5．今後の就学支援ガイダンスへの提言

　　就職や進学をした先輩たちによる体験談を含むガイダンスは、後輩たちが進路を考えるうえで、夢を与え、強い励ましになっている。また、高校進学への不安や入試への心配のつきない保護者に対して、個別の相談に応じることで、情報収集と交換のための貴重な機会となっている。今後一層充実したガイダンスを実施するために、次の提言をしたい。

・開催回数や開催場所の一層の拡大が望まれる
・先輩たちの体験談を成功事例（Good　Practice）として発信していく仕組みを開発すること
・保護者や子どもたちの個別相談を集積・整理し、「Q＆A」のような形式で発信していく仕組みを開発すること

第2部 第5章 地域の支援

(1) 日本語・教科学習支援
　　はじめに

辻本　久夫

　2013年度の日本語指導が必要な子どもがいる県内の小学校は140校、中学校は69校である。子どもが「2名」以内の少数校は小学校で70.7％、中学校で81.2％と多い。一方1校に「15名」以上は小学校7校、中学校2校、中等学校1校。担任等だけの学習支援には限界があり、校内だけでは十分に行えていないのが現状である。日本語教室の約半数がおとなの学習に加え、子どもの教科学習支援まで行う。ほとんどの日本語教室で無償ボランティアがサポートしている。兵庫県国際交流協会のホームページによると「子ども支援教室」は15地域48団体（2014年8月現在）。しかし、「日本語・教科・母語」の支援のうち「教科」をしている団体一覧は下の表内である（下線は本報告で紹介）。日本語指導が必要な子どもがいる学校は200校を超えるが、支援教室はその1/6程度しかないのが現状である。自宅近くに支援教室がある子どもはそこに通うことができるが、近くにない子どもたちは学校以外でのサポートを受ける機会がない。学習支援を行っている下線の5団体に設立趣旨や子どもの進路等の調査協力をお願いし、その結果を次に紹介した。

> 　神戸市東灘区（にほんごひろば岡本、学習塾MoMo、東灘日本語教室、こうべ子どもにこにこ会）、同灘区（灘わくわく会）、同中央区（関西ブラジル人コミュニティCBK、グイローバルプロジェクト支援機構JEARN、日本語ボランティアチャオ、神戸YWCA、神戸日中文化交流推進会）、同兵庫区（たかとり土曜学校）、同長田区（神戸定住外国人支援センターKFJ、ひょうごラテンコミュニティ、神戸在日コリアン保護者の会）、西宮市（西宮市国際交流協会）、芦屋市（こくさいひろば芦屋）、宝塚市（ときにいきる宝塚）、三田市（三田市国際交流協会）、明石市（中国「残留日本人孤児」を支援する兵庫の会、明石小コミセン日本語教室）、加古川市（にこにこ日本語教室）、高砂市（伊保南わいわい日本語学習会）、加西市（マミーコスユニバーサル）、姫路市（城東補習教室、城東寺子屋、城東日本語教室、花田レクレーションクラブ、姫路人権ネットワーク）、佐用町（佐用国際交流協会）、朝来市（朝来市連合国際交流協会）、豊岡市（にほんご豊岡おいうえお）、篠山市（篠山国際理解センター）、丹波市（柏原日本語教室こんにちは、ひかみ日本語コミュニケーションクラブ）
> 　　　　　　　　　　　　　　　　　　　　　＊所在地等の詳細は、資料編に掲載

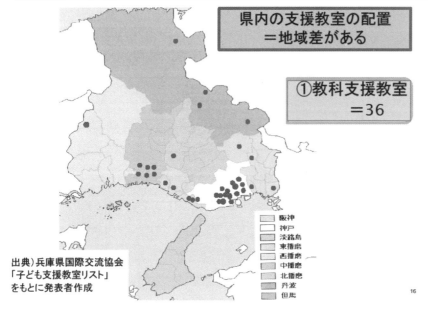

図は、県立大学の乾美紀さんが作成され、2014年2月の第19回兵庫県在日外国人教育研究集会で報告されたときに使用したものである（兵庫県国際交流協会公表2013年8月現在より）。

兵庫県山間部地域、丹波市の日本語学習・子ども学習支援教室「こんにちは」

大岡　栄美

1．概略

(ア)　設立契機：日本人支援者が兵庫県国際交流協会主催の日本語学習支援養成講座を修了したのを
　　　　　　　　きっかけに設立

(イ)　設　　立：1998年4月（子ども教室は2005年スタート）

(ウ)　会　　場：主催者自宅

(エ)　活 動 日：成　人：月・水・木・土（19：30～21：30）、火・水（9：30～11：00）など、
　　　　　　　　子ども：月（15：30～17：30）

(オ)　活動内容：日本語学習支援、子どもの学習支援・日本語支援、生活相談、地域交流（丹波市国際
　　　　　　　　交流協会事業、ロータリークラブ事業に参加）

(カ)　丹波市の現状：兵庫県の東部山間部に位置する丹波市には667人の外国人が居住。これは丹波市
　　　　　　　　全人口の約1％である（2014年11月末現在）。周辺地域に比べ外国人居住度が高い。
　　　　　　　　出身地の上位5か国は中国（305名）、ブラジル（100名）、フィリピン（85名）韓国・
　　　　　　　　朝鮮（78名）、ベトナム（21名）。日本人との結婚で来日した中国、韓国、フィリピ
　　　　　　　　ン人等の女性が多い。永住希望の日系ブラジル人も増加。日本国籍取得希望者も増加
　　　　　　　　の見込み。

2．活動

(ア)　日本語学習支援と生活相談

　　学習者（現在32名）は日本人配偶者の外国人とその子ども、日系ブラジル人労働者、研修生や技
能実習生のベトナム人・中国人など。日本語学習支援の他、自動車運転免許証取得支援、履歴書の
書き方、「2級ホームヘルパー」資格取得支援など生活に根ざした学習ニーズに対応。生活相談（ご
みの分別、永住権取得申請手続き、離婚相談等）、保育所・幼稚園等の入園手続きも実施。

(イ)　子どもの学習支援と進路相談

　　ブラジル人の子ども2人の小学校入学に伴い、担任教師の要請で子ども教室を開始。小学生への学
習支援が中心。夏休み、冬休み宿題教室も実施。中学生は部活中心になり教室への参加が難しくな
るため、基本的には支援せず。ただし、中学校から支援を依頼された場合に高校受験対策に協力し
たケースや子ども教室卒業生に「自習室」として学習場所を提供するなど、個別対応を実施。

(ウ)　交流イベント

　　地域の盆踊りや餅つき大会などのほか、地域自治会の人権学習会、丹波市国際交流協会の多文化共
生フォーラム等講師を外国人学習者が担当。外国人と日本人の顔の見える関係づくりの地域拠点と
しての役割を担う。

3．子どもの進路の課題

　　9年間の子ども教室で関わった外国にルーツを持つ中学卒業生は4名。1名（外国生まれ）は定時
制多部制に、3名（日本生まれ）は全日制高校に進学。日本生まれで国際結婚家庭の子ども（ダブ
ル）が今後増えていく。高校入学後のサポートの充実が課題。少数在住地域のため、ルーツを同じく
する子どもや若者同士の交流が少ない。ロールモデルの提示による自尊感情の醸成活動が必要。大学
進学でも履修登録等の入学後サポートが必要。

神戸市東灘区での子ども学習支援教室「こうべ子どもにこにこ会」

乾　美紀

1．概略

(ア)　設立契機：1990 年代後半から地域に外国人労働者が増え、その子どもたちの日本語、教科支援、母語保持、学校生活のサポートの必要性が高まったことを機に設立

(イ)　設　　立：2002 年 5 月

(ウ)　会　　場：多文化共生センターひょうご、地域福祉センター、地域の小学校

(エ)　活 動 日：日本語教科支援教室　木曜日・土曜日（16：00 ～ 18：00）
　　　　　　　　スペイン語母語教室　火曜日（放課後）

(オ)　活動内容：日本語学習支援、母語教室、心のケア、居場所づくり事業、地域との共生活動、ネットワークづくり、小学校校内日本語教室、中学校内多文化学習会

(カ)　神戸市東灘区の状況

　　　　　　　東灘区には約 5,000 人の外国人が登録している。浜手にある臨海工業地域にある人工浜には、食品工場、製粉工場、製油プラント、製糖工場などが立ち並んでおり、そこで働く日系の外国人労働者が居住している。区内のブラジル籍 400 人は、市内ブラジル籍の 60％を占めており、周辺の 2 つの小学校には外国にルーツを持つ子どもが毎年 15 名程度在籍している。

2．活動

(ア)　日本語学習支援

　　　近隣の小学校に通う日系ブラジル人、ペルー人、フィリピン人の子どもが多く、現在、26 名が登録している。校区を越えて学習支援教室にやってくる子どももいる。学習内容は、主に学校の宿題支援、日本語指導などであり、小学生・中学生を対象としている。ボランティアは、地域の大学生、大学院生、退職教員、地域住民などである。

(イ)　母語学習

　　　2002 年より母語教室を実施し、近隣の小学校の会議室を使用して、放課後に行っている。子どもの参加は年々増え、現在は 6 名子どもを対象としてきた。講師は、地域に住むネイティブを採用し、小学 1 年生〜 6 年生までのマルチレベルに対応している。

(ウ)　小学校内日本語教室

　　　地域の小学校と連携して市教委事業をコーディネートしている。小学校校内で、外国人子どもを対象にひとり週 1 回 1 時間ずつ抽出授業を行っている。原則として 1 対 1 指導を目指し、専門の日本語教師が指導している。

(エ)　交流イベント

　　　深江多文化子ども祭り、にこにこパーティーを地域や保護者とともに開催している。また関西学院大学の学生を中心に、夏休み宿題教室、オープンキャンパスを行ってきた。

3．子どもの進路の課題　　にこにこ会修了生の進路　　（2014 年 9 月現在）

学校の種類	人　数
公 立 高 校（普通科）	4
公 立 高 校（工業）	1
定 時 制 高 校（普通科）	7
定 時 制 高 校（工業科）	1
公 立 中 等 学 校（国際）	5（中学校より入学）
海 外 の 高 校	1
合　　計	19

　これまで、にこにこ会を修了した中学生の進路を概観すると、定時制高校に進学した生徒が最も多い。公立高校に行けない場合、選択の余地がなく定時制に進学するケースが多いため、特別入学枠の採用により、全日制の高校に入学できるという選択肢が増えることを望む。

芦屋での日本語学習・子ども学習支援教室「こくさいひろば芦屋」

辻本　久夫

1．概略
(ア)　**設立契機**：「ふれあい芦屋マダン」スタッフのペルー人お母さんの要望
(イ)　**設　　立**：2006 年 10 月
(ウ)　**会　　場**：潮見コミスク会議室（芦屋市立潮見小学校内）
(エ)　**活 動 日**：日曜日教室（午前中）、夜教室（中高校生のみ、火曜・木曜 19 時〜）ほか
(オ)　**活動内容**：日本語学習支援、子どもの学習支援、生活・教育相談と交流イベント
(カ)　**芦屋市の状況**
　①　芦屋市は神戸市と西宮市に挟まれた小さな住宅都市。人口は 96,832 人。内外国人は 1,529 人で日本国籍者の 1.6%（2013 年 7 月 1 日現在）。国籍別では韓国朝鮮 713 人、中国 377 人、アメリカ 93 人、フィリピン 60 人、ペルー 46 人等で計　　カ国籍（2012 年 11 月）。
　②　外国人は、主に南の芦屋浜地域に多く居住する。そのため、地元 S 小学校には外国にルーツを持つ子どもが 28 人在籍（うち外国籍は 6 人、日本語学習支援の必要は 10 人、2013 年度）。芦屋市は外国籍児童生徒在籍率が 0.6% で県内第 6 位、また日本語支援が必要な児童生徒数が 21 人で第 5 位、県内で外国人の子どもの在籍率が高い（2012 年度）。

2．活動
(ア)　**日本語学習支援と生活相談**
　　参加者は、芦屋浜に住む日系人家族、国際結婚の外国人。多くが深江浜の食品工場で働き、10 年以上日本で居住する。生活相談として、各種保険から仕事探し、履歴書の書き方、生活保護申請などがある。また、子どもの就学援助・奨学金、また編入や入学手続きなどの支援も行っている。

(イ)　**子どもの学習支援と進路相談**
　　子どもの参加は年々増え、25 人を超える。小学生から高校生までいるが、高校受験のため中学生が多い。親の要望から「夜の教室」、「夏休み宿題勉強会」「冬休み宿題教室」「春休み教室」も行っている。子どものルーツはフィリピン、ブラジル、オーストラリア、ガーナ、韓国朝鮮など多様で、日本国籍（ダブル）が多くなっている。
　　また先輩の話を聞く会や、母語教室、スピーチ大会、進路相談（高校進学や高校途中編入、大学進学）も行う。子どもの「居場所」になっている。5 年前から、大学生が学習支援にかかわる。

(ウ)　**交流イベント（省略）**

3．8 年間子どもの進路
(ア)　**中学卒業後の 23 人の進路**
　　「外国生れ」生徒の公立全日制高校進学者が極めて少なく、定時制や多部制が多い。

(イ)　**高校卒業後の 13 人の進路**
　　大学進学者が 53.4%。高校編入生以外は全日制公立高校と中等学校の卒業生である（編入高校は全日制県立 4 校・私立 1 校）。全日制高校・中等卒業生の 5 割以上が大学へ進学している。

中学校卒業生の進路 (2006 年〜 2014 年度)							
進路	全日制高校			定時・多部制	中等教育学校	帰国・外国	計23人
	公立	私立	小計				
外国生れ	1	3	4	7	3	2	16
日本生れ	5	0	5	2	0	0	7
計	6	3	9	9	3	2	23
外 国 籍	2	2	4	7	2	2	15
日本国籍	4	1	5	2	1	0	8
計	6	3	9	9	3	2	23

高校卒業生の進路 (2006 年〜 2014 年度)								
進路	高校進学	編入	小計	在学中	中途退学	大学進学	推薦就職	ほか	計13人
外国生れ	14	5	19	6	3	7	0	3	10
日本生れ	7	0	7	4	0	0	2	1	3
計	21	5	26	10	3	7	2	4	13
外 国 籍	13	5	18	5	3	7	0	3	10
日本国籍	8	0	8	5	0	0	2	1	3
計	21	5	26	10	3	7	2	4	13

KFC（特定非営利活動法人　神戸定住外国人支援センター）
「外国にルーツを持つ子どもの学習支援事業」

志岐　良子

1. 外国にルーツを持つ子どもの学習支援事業の概略
(ア)　設立契機：日本語プロジェクトで学習していた子どもの要望
(イ)　設　　立：2005年7月（団体は1997年2月）
(ウ)　会　　場：多文化子ども共育センター「ＭＯＩ」（神戸市長田区）、「はいず」（神戸市中央区賀川記念館）
(エ)　活 動 日：子どもの学習支援事業は小学生：火〜金、中学生：水・木ほか。
(オ)　団体事業内容：外国にルーツを持つ子どもの学習支援事業、日本語プロジェクト、相談事業、マイノリティ高齢者の文化や言語にも対応する介護施設運営、中国残留邦人帰国者支援事業など
(カ)　神戸市の状況
　　　ＫＦＣが位置する神戸市西部にある長田区は、植民地であった朝鮮や日本国内の他地域に在住していた在日コリアンの移住者も多く、古くから関西でも有数の外国人多住地域である。1980年代に入ると、兵庫県姫路市に設置された難民定住促進センター出所後のベトナム人が、言語的ハンディがあっても就労しやすいケミカルシューズ産業に集積されていった。この地域では、外国にルーツを持つ子どもの教育は古くからある課題であり、今現在まで多層・多重化して継続している。2014年7月現在で、神戸市外国人登録者数は42,198名。

2. 外国にルーツを持つ子どもの学習支援活動
　　ＫＦＣは交通利便性が良いことから、西は明石市から、東はポートアイランド、北は北区ひよどり台からと遠方から通ってくる子どももおり、活動当初は7名であった学習者も、現在では2か所で60名を超え、待機者も出るなど受け入れを制限せざるを得ない状況にある。
　　学習者のルーツは、ベトナムが圧倒的に多く、中国、フィリピン、ネパール、コロンビア、ロシアなどである。中央区は中国を中心に、アフガニスタン、パキスタン、インドルーツの子どもが来ている。
　　ベトナムにルーツを持つ子どもが多いため、開設当初からベトナム語ができる母語スタッフが支援に加わっている。現在は「ＭＯＩ」ではベトナム人留学生とＫＦＣで学習した経験のある中国人大学生、「はいず」は中国人留学生が母語で支援している。
　　2010年から1月〜3月頃には就学前の子どものプレスクール事業も実施し、入学前の子どもにひらがな、数字、学校で使用する言葉などを学習できる場も設けている。
　　その他、年数回の交流事業、本を読む機会の少ない子どもに本に触れてもらおうと新長田図書館と協働で「在日外国人児童読書の会」（月2回程度）、小学校への「出張読書の会」なども実施している。
　　ＫＦＣを卒業した子どもからは、「ＫＦＣでは復習できたので良かった」「ＫＦＣに来なかったら学習しなかっただろうから、学習時間を確保できたことが良かった」「ＫＦＣ卒業後も遊べる友達ができた」という声などがあり、学習に留まらない、同じような背景を持つ子どもの居場所づくり、仲間づくりにもなっている。

3. 8年間の子どもの進路
(ア)　中学卒業後の47人の進路
　　　「外国生まれ」生徒の進路では、定時制、私立、就職で半数以上を占める。

中学校卒業生の進路（2006〜2014年度）

	公立（うち定時制）	私立	就職	計
外国生まれ	25（8）	11	1	37
日本生まれ	7	3	0	10
計	32（8）	14	1	47

姫路市内での子ども学習支援教室「城東町補習教室」

金川　香雪

1．概略

(ア) 設立契機：姫路市にインドシナ難民のための定住促進センターがあったので、ベトナム人の子どもが小・中学校に大勢在籍していた。センター閉所後その子どもたちの日本語、教科学習支援、生活支援、学校生活のサポートの必要性が高まったことを機に設立。

(イ) 設立：1999 年 10 月

(ウ) 会場：姫路市城東町　城東町総合センター

(エ) 活動日：毎週土曜日（13：30 ～ 15：30）

(オ) 活動内容：日本語・教科学習支援、母語支援、心のケア・居場所づくり、地域との共生活動

(カ) 姫路市の状況：ベトナム人が集住する花田・城東・東・四郷小学校区には、200 人を超えるベトナム人小・中学生が居住している。また、市内中心部の小学校や中学校には、中国やフィリピン、韓国、ルーマニア等の国籍を持つ子ども、臨海地域の小・中学校には、ブラジル、中国の子どもが少数点在している。西部には、ベトナム人が数人在籍の学校もある。集住校には集住校の、少数点在校には少数点在校の支援の在り方が問われており、学校内だけでは十分なサポートができかねているのが現状である。

2．活動

(ア) 日本語・教科学習支援

近隣の小・中・高校に通うベトナム人の子どもが多く、中国人の子どもも通う。現在、40 名を越える子どもが学ぶ。学習内容は、国語・算数・数学・英語等の教科学習、日本語学習など。幼児から小学生・中学生・高校生までを対象としている。支援者は、主に教員や市内にある大学の学生。卒業生、市内在住のボランティア。

(イ) 母語（ベトナム語）

母国の文化や言葉を知る活動として、ベトナム語でスピーチコンテストに参加したり、母国の昔話を母語で練習し、クリスマス会に披露したりしている。

(ウ) 交流イベント

クリスマス会を開いて、地域に住む日本人の子ども達と交流、姫路市の国際交流フェスティバル・地域のさくら祭り等でベトナム獅子舞「ムーラン」を披露

3．子どもの進路の課題

中学卒業後の進路を概観すると、公立高校に進学した者が半数弱いるが、日本生まれで補習教室で毎週学習しても、希望する高校にはいけないと言われ、能力があっても日本語力の壁のために志望校のレベルを下げざるを得ない状況が多く見られた。また、半数近くの子どもが、それでも高校で学びたいという思いから、定時制や通信制で学ぶことを選択している。

どの子も日本で公立高校全日制で学びたいという強い思いを持っている。一日も早く、高校特別入学枠が採用され、外国につながる子どもたちが全日制の高校に入学できるという選択肢が増えることを強く望む。

城東町補習教室　進学先 （2014 年 9 月現在）	
公立高校（普通科）	10
公立高校（工業）	3
公立高校（看護科）	1
公立高校（総合科）	2
公立高校（通信制）	2
定時制高校（普通科）	2
定時制高校（工業高校）	4
定時制高校（工業科）	3
私立高校（普通科）	3
私立中等学校	5
海外の高校（ベトナム）	1
私立高校（通信制）	2
合　計	38
上記の卒業者のうちの大学進学者	
大学 6（看護学科、商学部、経済 学部、総合政策学部） 短大 1（保育科） 看護専門学校 1 医療系専門学校	

⑵　高校進学後の支援（NPO奨学金）
高校進学支援〜「定住外国人子ども奨学金」の活動から〜

野崎　志帆

1．奨学金設立の背景

　リーマン・ショック以降、定住外国人を「貧困」という観点で捉え、社会経済的状況における日本人との格差を、客観的データに基づいて明らかにしようとする研究もみられるようになってきた。ニューカマーが来日するようになって20年以上経過し、ようやく新しい世代が社会で育つ中、第一世代の貧困が第二世代に再生産されつつあることが意識されるようになったためである。一方、日本社会の「子どもの貧困」が話題に上るようになり、貧困世帯に育つ子どもが、学力などさまざまな側面で不利な立場にあり、その不利はその子が成長し大人になってからも持続し、次の世代に再生産される「貧困の連鎖」が指摘されている（阿部　2008）。ニューカマーの外国にルーツをもつ子どもが貧困状況にある家庭で育っている可能性が低くないことを見据えた時、彼／彼女らの高校進学率の極端な低さは、「ことば」と「文化」の問題に加え、家庭の「社会経済的不安定さ」にも起因している（そしてその結果でもある）可能性が高いと見る必要があるだろう。しかし、高校進学率と同様、政府発表の貧困に関わる統計データには国籍やエスニシティを考慮したものがない。そのため、「日本に暮らす子どもの貧困」の議論において「日本に定住する外国にルーツをもつ子どもの貧困」が俎上にあがってくることはほとんどない。

　このような表に出にくい定住外国人の社会経済的状況の不安定さは、外国人の子どもの学習支援の現場では以前から実感をもって把握されてきた。進学の希望があっても経済的な理由で高校進学せずに働くという中学生や、消しゴムなど学習に必要な文房具さえ持たない小学生の存在。「定住外国人子ども奨学金」も、まさにそのような子どもの実態を前に2007年11月に立ち上げられた。

　大きな基金が無い中で、給付型の奨学金を事業として継続すること自体が挑戦であり、当初資金面は不安定であったが、支援者の多くの協力を得て、現在では地域イベントでのエスニック屋台出店やチャリティコンサートなどの収益により、何とか安定的な運営ができるまでになってきている。

2．「給付型」奨学金の概要とその意義

　2008年春から支給をスタートした当奨学金は、毎年高校入学時に書類審査と面接審査によって奨学生を3名選考し、高校に在学する期間中（原則3年間）に月額15,000円を支給している。対象は、兵庫県内在住の日本の高校に進学する日本国籍を有していない者、または保護者の一方が日本国籍を有していない者で、経済的に困窮している者である。当奨学金の目的は、一つには、これらの子どもたちが将来の夢を「あたりまえに」描くことがきるよう、奨学金支給等を通じて高校進学を支援することであり、もう一つは、同様の背景を持つ次世代の子どもたちにとってのロールモデルを育成することである。

　当奨学金は「給付型」である。一般向け奨学金のほとんどは貸与型であるが、現在不安定な雇用形態で働く若者が増える中、それが返済の際に極めて重い負担となっていることは周知の通りである。さらに多くの面でハンディをもった外国にルーツをもつ子どもの場合、その負担は計り知れない。当奨学金が給付型である理由はそこにある。高校の授業料無償化後も、子ども一人を高校に通わせるのにかかる費用は、全日制の公立高校の場合でも修学旅行など学外活動費、学用品、通学費などで、年間で平均23万円（私立だと72万円）、今や一般的となった学習塾など学校以外でかかる学習費用も平均15万5,000円と言われ、合計すると年間約38万6,000円程度かかるという（文科省平成24年度「子供の学習費調査」より）。先述のような「貧困の連鎖」を生まないためには、どこかでそれを断ち切らなければならない。その際さまざまなアプローチがあるが、現金給付は中でも最も必要とされる支援であろう。

第2部　高校進学（外国人の進路）に関する調査で判明したこと

表1　これまでの
　　　奨学生のルーツ

ルーツ	人数
中国	7
ペルー	5
ベトナム	4
フィリピン	3
韓国・朝鮮	1
メキシコ	1
合計	21

表2　これまでの応募者数とルーツ

募集年度	応募者総数	ルーツ別の人数内訳
2008年度	9	韓国・朝鮮4、ベトナム2、ペルー1、中国1
2009年度	4	ペルー2、中国1、ベトナム1
2010年度	9	中国4、ベトナム2、ペルー1、アルゼンチン1、ブラジル1
2011年度	6	中国2、フィリピン2、ベトナム1、韓国・朝鮮1
2012年度	11	フィリピン3、中国2、ベトナム2、コロンビア1、ペルー1、ブラジル1、韓国・朝鮮1
2013年度	10	中国4、ペルー2、フィリピン2、韓国・朝鮮1、メキシコ1
2014年度	12	中国5、韓国3、アメリカ1、ブラジル1、フィリピン1、ベトナム1

3．高校進学後のエンパワメント

　当事業は奨学金を支給するとともに、高校進学後の奨学生たちの学校や家庭での状況を継続的に見守りつつ支援を行っている。その中で重要な位置を占めるのが、年3回行われる「奨学生交流会」である。この日は奨学生全員が集まり、最初に一人ずつ成績表持参で実行委員と面談を行う。学校や家庭での状況を確認し、将来の進路について相談に乗りながら彼／彼女らのニーズを知り、必要な支援を実行委員会で検討する。また作文の指導も行っており、日本語の表現や内容についてのアドバイスもしている。その後奨学生たちはお菓子をつまみながら他愛ない話をして過ごすのだが、これが奨学生同士のつながりをつくる場となっている。その他、大学のオープンキャンパスやいじめ防止ワークショップに参加したり、他の地域で活動する外国にルーツをもつ青年グループと交流する機会をもつなどしている。

　また、実行委員が講師となって高校卒業後の進路と進学に必要な費用について話しをするなど、自分の将来について地に足の着いた判断と選択ができるよう情報提供を行っている。彼らも、もちろん他の生徒と同じように高校から卒業後の進路指導を受けている。しかし、彼らと面談で話すにつけ、彼らの描く「将来の希望」は時として「現実ばなれ」しており、判断材料となる情報（の理解）が十分ではないと感じることが少なくないためである。日本の一般家庭では日常的に得られるはずの受験を含む進路選択の情報やそれに関わる支援が、彼らの場合、日本語にハンディをもち、日本での受験や進路選択の経験をもたない保護者からはほぼ得られないということを十分に理解する必要がある。そして現実的に、彼らは家庭の経済的な問題と自分の学力などを踏まえ、自分の将来を自分で検討しなくてはならないのである。

　当奨学金は外国にルーツをもつ次世代の子どもたちのロールモデルを育成することもめざしているため、奨学生らは単なる支援の「受け手」に留まらない。彼／彼女らは、奨学金の資金集めとＰＲのためのイベント出店にボランティアの一員として参加し、学習支援の場で支援者として子どもたちに勉強を教える立場に立つことも期待される。最近では、高校進学を果たした当事者として自らの経験を次世代の子どもに向けて話す場に呼ばれたりもする。また、毎年チャリティコンサートの際には幕間で壇上に上がり、多くの来場者の前で高校生活のことや将来の目標について話をしてもらう。奨学生たちに、多くの人が応援してくれていることを知ってもらうのと同時に、次の世代に「バトンを渡す側」としての自覚と自信をもってもらうためである。これは、当奨学金へのより広い理解と支持を集める機会にもなっている。

４．定住外国人子ども奨学金の成果

　当奨学金は今年で８年目に突入したが、これまで一人も中退者を出さずに12名全員が無事に高校を卒業していき、新たに７期目の奨学生を迎えるに至っている。高校卒業後は、働きはじめた者もいれば、専門学校や大学、短大に進学する者、海外留学をめざして学んでいる者もいる。先日も、関東の大学に進学した元一期生のＫさん（下記コラム参照）が訪ねてきてくれ、勉学や障害をもつ子どもの支援ボランティアに参加するなど、充実した学生生活を送っている様子を話してくれた。そして今は大学院進学をめざしていると、高校卒業時と変わらぬ目標を見据えていた。

　私たちは本奨学金の活動を通じて、子どもたちの多くは、さまざまな困難を抱えてはいるものの高校に進学して学びたいと思っており、必要な支援さえすれば高校を卒業することができる意欲のある子どもたちなのだということを確信している。

参考文献

阿部彩『子どもの貧困』岩波新書、2008年

コラム：ペルーにルーツをもつ奨学生Ｋさん「高校卒業を迎えて」（ニュースレター第10号より）

　「高校３年間を振り返って楽しかったこと、大変だったこと：高校にいる３年間外国にルーツを持つ子どもにスペイン語を教えるボランティアができて充実しました。また、友達とバカなことばっかりしていましたが、楽しい毎日の３年間があっという間に過ぎました。高校で大きく得たものは、自分の進みたい道を見つけることができたことです。学校の方針も自分に合っていたと思います。高校に進学することによって、余裕を持って、自分の未来について考えることができると思います。また、部活にも入れば、より充実した毎日と深い友情が得られると思います。でも、最後楽しかったと思えるかは自分次第です。その手助けをしてくれるのがこの奨学金であると思います。したいことをして、自分の夢を見つけて、それに向けて、できる限りの努力をすること、夢に近づけること幸せを実感して欲しいです。

　今後の進路について：まだ決まっていませんが、志望大学に入って、国際に関する勉強をしたいです。大学を出てからは、できれば大学院に入り、修士号を取得したい。将来は、海外の子どもの教育に携わる仕事をして、世界中の子どもの笑顔を写真に収めたい！

　当奨学金の受給を通じて、高校生活の中で役立ったこと：私は主に、交通費、学校でいる費用や自分のおこづかいとして使ってきたが、自分で家計簿をつくってやりくりしていました。それも楽しかったけど、少しだけではあったが、家計の手助けができて嬉しかったです。そのおかげで高校生活が本当に充実しました。今まで支えてくださったこの奨学金のメンバーの方々も、奨学金を支援して下さったみなさんにも本当に感謝しています。これからは私も支える側としてこの奨学金が続いて欲しいです。

　未来の奨学生へのメッセージ：私は２期生、３期生、もちろん１期生とも友達になることかができて嬉しかったです。似たような背景を持ったからなのか、すぐに打ちとけることができたと思います。私はこの友情を大切にしていきたいし、これからの奨学生にも伝えていって欲しいし、将来同窓会とか交流する場ができたらいいなと思います。」

※　Ｋさんはその後一浪して関東の国立大学に進学し国際政治について学び、現在は大学院進学をめざしている。

⑶ 母語教育支援
はじめに

落合　知子

　兵庫県では NPO が主催する母語教室や、2006 年度から 2010 年度まで兵庫県が実施した「新渡日外国人児童生徒に対する母語教育支援事業」（以下母語教育支援事業と記述）に流れをくむ母語教育を中心としたアイデンティティ支援が行われている。

「ニューカマー」の子どもが授業で必要とされる学習思考言語を獲得するには通常 5 ～ 7 年を要すると言われる。だが母語を学習することで母語での概念形成が日本語へ転移する 2 言語間の相互に依存した発達が認められるという（Cummins,1989）。つまり、「ニューカマー」児童にとって母語学習は日本語の学習思考言語形成にも有効なのである。また日本語を第 1 言語とする 2 世 3 世の子どもたちにとっても継承語（母国の言葉）の学習はアイデンティティを形成させ、家族とのコミュニケーションを確保するという子どもたちのライフラインとなる。また継承語を習得することで、子どもたちは将来、日本と母国の懸け橋となるような職業選択が可能になる。そうした可能性が子どもたちの学習モチベーションを高める役割を果たす。

　以下は、兵庫県内の母語教育・アイデンティティ支援の拠点をリストアップしたものである。二重丸を付した母語教室の活動は本報告書において紹介している。

　このほか県内には当研究会が把握しきれなかった母語教育活動も存在していると思われる。そうしたここにリストアップできなかった母語教育活動に関する情報をお持ちの方は当研究会までお知らせ願いたい。

エスニックコミュニティによる母語教育拠点

　NPO 関西ブラジル人コミュニティ（ポルトガル語）、ひょうごラテンコミュニティ（スペイン語）

　ベトナム夢 KOBE（ベトナム語）、◎ オリニソダン　神戸在日コリアン保護者の会（韓国・朝鮮語）

母語支援事業後、神戸市の日本語指導の一環として継続する母語教育拠点の学校

　◎神戸市立本庄小学校（スペイン語・こうべ子どもにこにこ会が運営協力）、神戸市立本山第二小学校（フィリピノ語）、神戸市立こうべ小学校（中国語）、神戸市立港島小学校（中国語）、◎神戸市立真陽小学校（ベトナム語・ホアマイ教室）、神戸市立御蔵小学校（ベトナム語・チャオ教室）、◎神戸市立神陵台小学校（中国語・童童教室）

「兵庫県母語支援事業実践報告書」に記載されている母語教育拠点の学校

　神戸市立山の手小学校（中国語）、尼崎市立園田北小学校（ベトナム語）、西宮市立神原小学校（インドネシア語）、芦屋市立潮見小学校（スペイン語）、伊丹市立花里小学校（韓国・朝鮮語）、伊丹市立池尻小学校（中国語）、小野市立川合小学校（ポルトガル語）、南あわじ市立湊小学校（ポルトガル語）、姫路市立花田小学校（ベトナム語・バンベ教室）、姫路市立城東小学校（ベトナム語・いきいき教室）、姫路市立東小学校（ベトナム語・ワールドルーム）、姫路市立花田中学校（ベトナム語）、姫路市立東光中学校（ベトナム語）

（公財）兵庫県国際交流協会のリストにある母語教育拠点

　JEARN 母語教室（中国語・英語）、神戸日中文化交流推進会（中国語）、たかとり土曜学校（ベトナム語）、こくさいひろば芦屋（中国語・ポルトガル語）、ジョイア・宝塚国際交流協会（ポルトガル語）、明石子どもクラブ（中国語）、Amigos Universales(ポルトガル語・スペイン語)、篠山国際理解センター（ポルトガル語）、なかよし母語教室（中国語）ニーハオ淡路母語教室（中国語）

参考文献

Cummins, J.（1989）Empowering Minority Students.　Sacramento, CA:CABE

在日コリアン児童支援・オリニソダン

落合　知子

1．はじめに

　ここでは公立小学校に通う在日コリアンの子どもたちへの民族教育を行い、コリアンの子どもたちへのアイデンティティ支援、周辺の日本人児童や教諭への多文化教育支援を行う神戸在日コリアン保護者の会の活動を取り上げる。マイノリティ児童・生徒へのアイデンティティ支援と学習意欲の関連について考察する。

2．概略

　㋐　設立経緯：1995 年、神戸在日コリアン保護者の会が、大阪の民族学級をモデルに神戸の公立学校に通う在日コリアンの子どもたちに民族教育の場を求めて設立した。当初より公立小学校の校舎に民族学級オリニソダン（子どもの書堂）設置を求め、教育委員会と話し合いを重ねた。しかし当時の教育委員会は民族教育への理解が浸透しておらず、約 10 年に及ぶ交渉の末、2004 年、現場の公立小学校長が在日コリアン保護者の会の趣旨を理解し、民族学校の場として校舎を提供することになった（交渉中の 1995 年～ 2004 年は民間施設を利用）。2010 年からは 2 校目の小学校に民族学級オリニソダン（子どもの書堂）を開講している。また 2009 年よりオリニソダン卒業生有志の希望により中高生向けのハングル教室も行っている。

　㋑　設立：1995 年 9 月

　㋒　会場と活動日：神戸市立蓮池小学校　毎週土曜日 10 時から 2 時間

　　　　　　　　　　神戸市立だいち小学校毎週水曜日　15 時 15 分から 90 分

　　　　　　　　　　コリア教育文化センター（中高生クラス）毎週火曜日 19 時 30 分から 90 分

3．活動内容

　毎年 12 月に行う民族音楽舞踏発表会、オリニマダンの準備期（10 月～ 12 月）を除いて、基本的にハングル学習と文化学習を行っている。文化学習では具体的には歌や民俗遊び、調理実習、年間行事学習、高学年になると家庭ごとのルーツ調べを課題とする。

4．アイデンティティ支援と向学的志向の関連

　オリニソダンに学んだ子どもたちは、これまで 200 名近いが、1 名を除き、高校進学を果たしている。また小学校卒業後、有志の子どもたちによる中・高校生のためのハングル教室が開催され、これまで 30 人の子どもがそこで学んだ。

　現在、中高生のためのハングル教室に通う 7 名を対象にグループインタビューを行った。オリニソダンに通い、ハングルを学び、民族音楽舞踏発表会であるオリニマダンに参加したことにより、「堂々とできる」、「韓国にルーツがあることを隠さずみんなにわかってもらい、（中略）自信がついた」、「自分のことが知れたし、文字が書けるようになった」、「韓国人として自覚が持てるようになった」など、オリニソダンでの活動を通じ、自らのアイデンティティを確立していった経験を語った。さらには将来の希望について、7 人中 4 名が高校・大学でもハングルを学び続け「韓国語の通訳」「韓国に関わる仕事」「韓国語を学んで声に関わる仕事」につきたい、と希望を語っている。若者たちはオリニソダンで身につけた韓国人としての自信によって韓国語能力を自らのアドバンテージと捉え直し、そのアドバンテージを生かした将来の希望を実現させるべく学習意欲を高めていることが観察された。

ベトナム人児童支援・ホアマイ教室

北山　夏季

1．概略

(ア) 開設契機：2006年度から開始された兵庫県教委の「新渡日の外国人児童生徒にかかわる母語教育支援事業」ベトナム語センター校の事業としてスタート。県の事業としては2010年度に終了し、現在は神戸市教委の支援を受け、継続している。

(イ) 開　　　設：2006年6月

(ウ) 会　　　場：神戸市立真陽小学校内

(エ) 開　催　日：毎週金曜日の放課後

(オ) 活動内容：二言語相互依存説に基づく、日本語 学習言語の早期習得とアイデンティティ確立を目指したベトナム語・ベトナム文化学習。全校児童のうち約10％を占めるベトナムを文化背景とする児童が参加している。指導者は1名、有償で指導にあたっている。大学および大学院でベトナム語を研究し、ベトナム語指導経験のある日本人。全児童数211人のうち参加児童は30人。

(カ) 神戸市長田区の状況：

区内には約7,000人の外国籍住民が暮らし、そのトップが韓国・朝鮮籍の人たち4,950人、二番目に多いのがベトナム籍1,073人。区内の小中学校では、ベトナム籍児童生徒の数も目立ち多いところで全校の10％以上を占める。区内には同教室以外に御蔵小学校のチャオ教室が同じ開設契機を経て現在まで開設されている。

2．活動

(ア) ベトナム語の文字の学習

ベトナム語の文字と音の関係を気づかせ、文字と音を合わせて覚えさせることを目標としている。その他、既習語彙を使ったカルタ取り、色の名前、左右、手足を使ったツイスターゲーム、ベトナム名を書いて紹介する名前カードづくりなどのアクティビティも行っている。

(イ) 年中行事についての学習

シーズンに合わせて、年中行事の中で最も重要なものと考えている旧正月や、ベトナムでは子どもの祭りである中秋節について学んでいる。

(ウ) ベトナム獅子舞の練習

平成19年度より取り組んでおり、本教室の伝統となっている。獅子舞を教室のメンバー全員で練習し、演技することは子どもたちのアイデンティティ形成に非常に役立っており、同じ文化背景をもつ児童どうしの団結も生まれている。

3．教室修了生の進路

高校を卒業して2年目、資格取得のための専門学校に通っているホアマイ教室修了生1名を筆頭に、修了生の多くは全日制高校、夜間高校に進んでいる。そのうち小2、小4時にベトナムより転入してきた児童が2名いたが、本人の努力と学校や地域の学習支援教室（KFC）のサポートなどに支えられ、公立の全日制高校に進学した。修了生の中学入学に従い、ホアマイ教室への関わりは徐々に薄らぎ、どのような中学校生活を送っているのかホアマイ教室の教師がフォローすることは難しい。しかし、中学3年に上がり、進路選択や入試対策の必要性が高まると、保護者や生徒本人からSOSの連絡が何件もあり、学習支援などを行うことがあった。そのようなケースから、ベトナム人保護者の中で兵庫県内の高校や入試制度についての知識は乏しく、どのような高校があるか、子どもの夢のためにどの高校を選べばよいかなど親子間で話し合うことが難しい中、中学3年になり親も子どもも慌て出すという傾向が見られる。今年は修了2期生の生徒たちが高校3年に進級し、進路選択の真っただ中にある。大学進学を目標としている子どもたちが再びホアマイ教室教師に連絡を取り、相談をしたり、受験対策の指導を依頼したりしている。日本での進路選択のための参考になる情報、情報リソース、モデルケースとなる先輩の存在などが保護者、子どもの中で求められている。

中国帰国児童支援　童童（とんとん）教室

小柴　裕子

1．概略
　(ア)　設立と経緯：
　　　1972年の「日中共同声明」による日中国交の正常化以降、中国残留孤児・婦人とその家族の「帰国」が増加し、その子どもたちは小中学校へ編入した。兵庫県内においても神戸市垂水区、明石市の北部、伊丹市等に中国帰国者が多く居住している。神陵台小学校では、1980年から中国帰国者の子どもが入学するようになった。以後その増加に伴い、1986年小学校内に日本語教室を開設し、専任教員を加配するようになった。当時、児童16名。2014年現在は担当1名、児童12名、児童総数257名。

＜廊下の職員室の表示＞

　(イ)　会　　場：神陵台小学校内の専用教室（神戸市垂水区）
　(ウ)　活 動 日：毎週1回放課後（主に金曜日）
　(エ)　活動内容：
- 生活適応指導－日常的な日本語、日記指導、学校生活・日常生活の指導
- 学習適応指導－教科学習で使う日本語指導、教科内容の補充
- 素養維持（ふれあいタイム）－中国語・中国文化の維持
- 全校生への国際教育－総合学習や各種行事における国際教育　（酒井報告[21]）

2．地域との連携
- 神陵台祭り：中国文化を紹介（近年は神戸市立兵庫商業高校龍獅団が出演）
- 日本語教室：
　(ア)　設立と経緯：1979年頃開始し、同校の子どもを引き受けている。
　　　2014年、初中上級おとな・子ども学習者約20名、ボランティア講師6名。
　(イ)　会　　　場：神陵台ふれあいの町づくり協議会（神陵台地域福祉センター）内
　(ウ)　活 動 日：毎週土曜日11時～夕方

3．意義と課題
　入学式のあいさつ、運動会の放送等が日本語、中国語の両方で行われている。音楽会の「上を向いて歩こう」も両言語で歌われる。近年の取り組みとしては、卒業式のメッセージも中国語で読むようにした。
　中国人保護者の中から「日中問題が悪化するのでは？」と心配する声も上がったが、「こんな時だからこそ政治等を乗り越えて、お互い共通理解を持つべき」とし、また「人には立つ場所が必要である」という理念の下、同校はアイデンティティー教育を重視している。（2014年9月11日同校にて、浅岡康敏校長談話）
　何もしなければ偏見が生まれる。小学生にわかりやすいクイズから大きい行事まで様々な取り組みを通して、未来に向けて日中相互に理解を進めていくことが大切ではないか。神陵台小学校の取り組みはこのようなことを教えてくれた。
　一方、児童は日本語しか話せず、親は中国語だけという複雑な家庭環境が多く、公立小中学校卒業後の高校進学への課題は今も根深い。

---
21)　酒井正人（2002）「中国帰国児童教育概要」（『家庭と保育所・学校園を結ぶ在日外国人教育情報誌「ともに」』42号）

第3部

中間報告会等を通じて
課題として見えてきたこと

第3部　第1章　多様で平和な地域社会をめざして

ロニー・アレキサンダー

(1)　グローバル化する私たちの生活

　どんどん進むグローバル化は、世界中の人々に大きなインパクトを与えて続けている。統一性がきわめて高いとされる日本も例外ではない。たとえば、コンビニなどの店頭に並んでいる数々の品物のすべては、何らかの形で外国につながっており、中には在日外国人が働く工場から出荷されたものも少なくない。また、お祭りなどのイベントのたこ焼き（タコ、小麦粉などは輸入物？）やトウモロコシ（外国産？）の隣にサモサやカレーナンなどの露天が並んでいることには誰も驚かないだろう。Sushi が世界中に親しまれているように、日本においてもいつの間にか「外国」が生活に深く浸透し、私たちの日常をより豊かなものにしてくれている。

　もちろん、グローバル化がもたらすものがすべて歓迎すべきものでは必ずしもないし、歓迎するにしても簡単にできるとは限らない。国境を超える続けるモノ・金・人をどのようにすればより豊かで平和な生活につなげていけるか。今、この問題は日本に住む一人ひとりに問われている大きな課題だと思う。グローバル化のみならず、少子化・高齢化が進む中で、日本の若者は多様性とどのように向き合っていくかによって、日本の未来は大きく左右されるだろう。本報告書でとりあげる高校入試特別枠の問題は一見、特定の人や地域に限定された問題として見える。しかし、すべての人が自らの能力を十分発揮できる社会が平和な社会だとするならば、この問題こそが今後の地域社会全体を象徴する問題として位置付けることができる。なぜなら、この問題に見え隠れしていることは、「日本人とはなにか？」そして、「外国にルーツを持つ人と対等な地域住民としてどう付き合っていくのか？」という二つの大きな課題が根底にあるからだ。

(2)　多様化する日本

「日本人」とは「日本国籍をもつ人」と法的に定義ができるが、これは生活レベルでの「日本人観」とは必ずしも同義ではない。外見的にも言語的にも一般的に想像される「日本人」・「外国人」と異なっている現実は、教育現場なら簡単に確認できる。つまり、日本国籍だけれど日本語ができないとか、在日韓国・朝鮮人を含めて外国籍だけれど第一言語が日本語だとか、さまざまな人がいる。もはや二項対立的な日本人・外国人を論じる意味はなくなってきている。この現実を前提にここで高校入学「外国人特別枠」の意味を考えてみたい。

　日本社会がこのように多様化してきていることによって日本文化が脅威にさらされるとか、日本文化は滅びるとか、日本の未来を心配し、外国人の受け入れに対する懸念を抱く人はいるかもしれない。また、一般的な受け入れはともかくとして、学校において外国人子どもの入学は芳しくないと考えている人もいるだろう。これらの不安はもちろん、外国人入学特別枠という措置の導入以前の問題であるが、日本語の理解力が十分ではない外国人が入学するのなら、日本語教育をはじめ、学校生活に慣れることや授業についていけるための適切なフォローをしなければならないことは言うまでもない。

(3)　人間の価値は成績だけでは表現できない

　来日してから間もない子どもたちの現状については、本報告書の第2部ではすでに詳しく述べているので、ここで繰り返す必要はないだろう。しかしながら、繰り返しになるかもしれないが強調したいことは、**日本語能力（理解力・読解力・文章力・発信力）**を理由に高校受験をあきらめている子どもが兵庫県にいることである。もちろん、「どうせ明るい将来なんてできっこないだろう」と思って努力しなくなる

子や、成績が悪い子はいるだろう。けれど、成績だけでは、見えてこないものがたくさんある。もしかして高校に行ける、大学に行ける、夢を持ってそれを追いかけることができる、といった希望を抱くことができたら、子どもたちはどれだけ努力し、どれだけ伸びるか。試してみても良いのではないだろうか。

高校に入って自分の将来を築いていくことは、ある意味で個人の問題にすぎないのかもしれない。しかし、そういった外国にルーツを持つ生徒や外国に長く滞在したことがある生徒が学校にいることは、周りの日本人生徒にとっても意味が大きい。上述したように現代の日本には、観光や短期滞在ではなく、定住している外国人が年々増加しており、日本の地域社会が多様化してきている。その日本に必要なのは、英語や中国語などの外国語能力だけではない。むしろ、一人でも多くの日本人が異なる習慣や生活スタイルを持つ人と仲良く生きていく能力を身につけていれば、多様性を地域社会全体の発展のために利用でき、本当の意味での平和へと向かっていくだろう。

(4) 周囲の日本人にとっても有意義

そのような能力を獲得する絶好の場所は高校であり、「おとな」の世界の縛りを受ける前に日本人が外国人と並んで勉強したりする意味が大きい。友だちになれば、お互いのバックグラウンドについて関心をもち、言葉や社会について学び合うことができる。日本人は、外国のことを知ったり外国人に質問を受けたりすることによって、新たな角度から日本を見つめることができ、場合によっては自分がいかに日本のことを知らないか、ということを思い知らされる。また、外国語は教科書の中のものだけではない、実際の人間が毎日それを使って生活しているということを知ると、外国語教育に対する意欲が上昇するだろう。さらに、日本語がまだ十分ではない外国人の理解を助けるために手を貸すことも大事な体験だ。そうすることによって、「できる自分」を見つけ出すことができるだろうし、セルフ・エスティム（自尊感情）が上昇するきっかけにもなりうる。もちろん、相手の外国人も日本語ができるようになることで、よりよくコミュニケーションができ、日本のことを知ることによって自らの居場所もみつかるかもしれない。

社会の一員として行動する意味や、社会の一員としての権利と責任について学ぶ高校という場所は、教育の場と同時に社会化の場でもある。高校にいって、将来に対する夢や可能性が広がると、若者は積極的に地域社会とのかかわりを持ちたくなるだろう。外国へ飛び立つ人、医師や弁護士になろうとする人もいれば、地域に残って近くの企業や工場で働きながら地方の活性化に貢献する人もいるだろう。

以上のように考えると、日本語能力がまだ不十分な子でも高校に入学するチャンスを与えることは本人だけではなく、他の生徒や教師をはじめ、地域社会全体にとっても有意義なことだといえよう。課題が多いかもしれないが、生徒や教師にとって貴重な知識や能力、技術を獲得し、「多様だから平和」は地域社会づくりにも大きく貢献するだろう。

定義

- **多様性**とは、異なる集団、慣習、言語などの存在。本章では、日本社会における多様性を認識し、それぞれの違いを尊重し合うことが多文化共生の前提条件として考える。
- **日本語能力**とは、理解力をはじめ、読解力、文章力、発信力など、日本語を通してコミュニケーションができ、主体的に授業や社会に参加ができること。

第3部　第2章　外国人生徒受け入れ後のフォローと特別入学枠の効果

乾　美紀

(1)　学力の定着を目指した学習支援

　第2部2章では、特別入学枠を採用している自治体の担当者にインタビューを実施し、具体的な取り組み内容、受け入れ後の高校でのフォロー、そして特別入学枠がもたらす効果について尋ねた結果を簡潔に記した。いうまでもなく、外国人生徒が特別入学枠で入学した場合、彼らが高校の入り口に立つだけはなくて、授業について行けるような学力、そして高校を卒業できるまでの学力を身に付けることが求められる。そのため、どの自治体も予算を確保するなどして、様々な方法で外国人生徒に対する学習支援を行っているのである。もちろんきめ細かい学習支援は必要であるが、外国人生徒自身が目標を持ち、卒業または進学を目指して積極的に学力を高めていくようなフォローが必要だと考える。これまで足りなかった学力を定着させ、卒業までを見据えて学校と生徒自身が連携していくことが、後の教育効果を生み出すことに繋がっていくのである。本章では、第2部2章で簡潔に触れた、特別入学枠の効果について、既に特別入学枠を取り入れている他府県から得られた回答をを詳細に交えながら述べていきたいと思う。

(2)　外国人生徒にもたらされる効果—教育の継続による選択肢の拡大

　特別入学枠を導入することにより、生徒にもたらされる効果について詳細なデータを提供することができれば、現在、特別入学枠を持たない都道府県が特別入学枠を採用するきっかけにもなる。筆者らが特別入学枠の効果についてインタビューした結果を簡潔に整理すると、大学への入学者が増えていることに言及することを効果と捉えることが多い[22]。つまり教育を継続できていること自体が効果なのである。

　第2部第2章、表5にあるとおり、千葉県、奈良県、大阪府などでは、特別入学枠で入学した生徒の大半が大学に入学したことを効果と捉えている。大阪府では、毎年約60名の生徒が特別入学枠の制度を利用して高校に入学しているが、教育関係者は特別入学枠を持つ1つの高校を事例に取り、その高校を卒業した全ての外国人生徒が大学（大学院）に進み、教育を継続できているという前向きな状況を報告している。すなわち、高校に進学することで大学（大学院）にも進学することが可能になっていること、そして、そのことが外国人生徒のモデルになっていることが大きな効果だと言える。[23]

　特別入学の効果について、「受験が厳しい生徒に高校教育を受ける機会を与えられるのが何よりの効果」と表現した自治体もあるように、さらに教育機会を継続できることは、日本社会を知ったり将来の職業の選択肢を増やすことにつながる。就職難の現在、日本人にとっても中学卒業後に常勤的な職を得るのは難しいし、中学校在学中に仕事のためのスキルを身に着けることは難しい。専門学校に入学するにも高校卒業が条件となるため、高校卒業資格は必要であるし、商業高校、工業高校などに進学し卒業できれば、将来の職業につながる技術や資格を得ることができる。教育の継続は、職業の選択肢を拡大することに影響する。

(3)　日本人生徒にもたらされる効果－国際感覚と多文化共生スキル

　外国人生徒が高校に入学することによりもたらされる効果は、外国人だけに限らない。現在のように、外国人生徒が高校に入学できない状況では、日本人生徒が高校で多様性に触れる機会が少ない。筆者が勤

---

22)　ただし特別入学枠を採用している16都道府県が全てのデータを所持しているわけではなかった。県独自に取りまとめて公表はしていなかったり、学校ごとに集計している都道府県もあった。

23)　本プロジェクトの中間報告会での報告より

務する大学の学生に、高校で外国人生徒に出会った機会を尋ねてみても、留学生以外の外国人に出会った経験はほとんどなく、同質的な環境の中で学校生活を送ってきた者が多い。従って、日本に在住している中国帰国者、日系南米人、インドシナ難民などの歴史的背景や移住理由についても知ることがない。そもそも、高校に在籍する外国人生徒は少ないため、出会う機会がほとんどないのである。

このような環境で育った日本人生徒には、国際感覚や多文化共生スキルが身に着きにくいといえる。まず、国外の様々な文化や価値観を知り、国際的な観点からものを考える力、つまり国際感覚が育ちにくいだろう。また、同質的な環境に置かれると、自分とは違う考えや習慣について知ったり寛容に受け止めようとする機会が少なく、その結果、多様な背景を持つ人々と共生しようとする認識やスキルを欠くことになるだろう。逆の言い方をすれば、異なる背景を持つ外国人生徒と一緒に勉強をし、学校生活を送ることで、その生徒が持つ文化や習慣を理解したり受容する態度が身に着く。また、外国人生徒と接することで世界の多様性に気づいたり、異なる環境に育った仲間と意見を交わすことにより、広い価値観や考え方で物事を捉えることが可能となり、多様性の中で人々と共生できる能力が身に着くといえる。

特別入学枠を持つ自治体にインタビューを行った時、「多様な背景を持つ生徒と接し、多様な局面を発見することは、日本人生徒にとっても何らかの影響がある。」、「外国出身や外国暮らしを経験した生徒と接する機会となり、多様な人がいることを知ることができる」などポジティブな回答が見られたように、外国人生徒が学校現場にいることで、日本人生徒も学ぶことができるのである。

⑷　平等な教育機会を求めて

特別入学枠について議論する時、「特別入学枠を導入することにより、日本人の進学枠を奪ってしまうのではないか」とつまり不平等につながるのではないかいう考えを聞くことがある。しかしながら、他府県の事例を精査することで、特別枠の導入には、自治体独自の施策や方法があることが明らかになっている。例えば、あらかじめ高校に教員を増やしておいたうえで（受け入れ態勢を作ったうえで）新たな枠を作ったり、職業高校にウエイトを置いて徐々に枠を増やしていくという自治体もあった。いずれも外国人生徒に平等な教育機会を与えるため、特別入学枠の導入を前向きに考えて、試行錯誤を繰り返しながら、入学後の教育支援のフォローも含め独自の政策を取っているのである。

上記で述べた、特別入学枠採用がもたらす日本人生徒へのメリットを考えると、特別枠の採用が必ずしも不平等に繋がると考えられない。ゴールは日本人でも外国人でも平等な教育機会を与えられることである。従って、特別入学枠を持たない自治体は、その自治体のニーズや背景を反映した独自の制度を作りあげることが必要だと考えられる。

第3部　第3章　「特別枠」設置の必要性

辻本　久夫

⑴　はじめに

　中国帰国生徒や外国人の中学生が高校入試に合格する困難さについては、兵庫県内においても 1990 年代より支援団体等からの指摘がある。「ニューカマー」の子どもの教育課題は当初は学校への適応、日本語教育に関する事柄であった。しかし、滞在の長期化、定住化により教育課題は、学力保障や義務教育終了後の進路保障へと拡大した[24]

　日本の学校への「適応」「高校入試」の課題は、海外帰国の子どもと同様で、大きな教育課題であった。そのため、徐々に政府や自治体で認識されるようになり、対策を講じる都道府県も増えてきた。

　特別入学制度（特別入学枠）は、「海外帰国生徒（旧、帰国子女）」から始まる。続いて「中国帰国生徒（中国残留婦人・孤児家族）」、そして日本の「難民受入れ」の始まりとなった「インドシナ難民（ベトナム人等）生徒」や、人手不足解消のための法改定で就労できるようになった南米を主とする「日系人（ブラジル人、ペルー人等）生徒」にも適用されるようになった。今では、国際結婚等の事情で来日した子どもたち（中国人・フィリピン人等）にも適用されている。

　このような自治体の動向から、文部科学省は先進的な受入れ制度を実施している都府県の独自の取り組みを評価し、2008 年 6 月に未実施道府県等に「高校入試改善を求める」通知を出している。

　しかし、その方針は都道府県ごとに決められるため、地域による格差が生じている。京都府のように海外帰国生徒と中国帰国生徒にだけしか適用していない自治体や、兵庫県のように全くこの特別入学制度を設けていない自治体もある。中国帰国者定着促進センター（所沢市）では全国に中国帰国の子どもたちを送り出していることから、その格差が大きな問題と考え、毎年自治体の特別枠制度等の調査を行ってＨＰで公表している[25]。

　「ニューカマー」の子どもは、ほとんど誰もが進学するはずの高校に行く段階で、日本人とは比較にならないほどの困難にぶつかってしまっている。「枠」を設けていない府県の高校進学率からすると、「ニューカマー」の子どもたちは 40 年以上前の日本の教育水準しか享受していないことになる。

⑵　高校入試の「配慮」（特別措置）の推移

1.「枠」設置の始まりとなった海外帰国生徒（「帰国子女」）

　　近代化した日本の行政や企業、大学等の関係者の海外勤務には、古い歴史がある。親の海外勤務に伴って、その家族である子どもも数年間、現地校等に編入して教育を受け、帰国して日本の学校に編入学する。しかし、帰国した子どもが「日本語理解力」から高校や大学進学の壁にぶつかり、親たちの不満が大きくなり企業を動かし要望を政府に出すようになった。1955（昭和 30）年以降が「帰国子女教育」の草創期と言われる。文部科学省は 1964（昭和 39）年に初の海外帰国児童生徒の実態調査を実施した。

　　1980（昭和 55）年代になると海外帰国生徒が急増し、多様化し、広域化する。そして 1980 年代には教育問題、社会問題として顕著化した[26]。1983（昭和 58）年に文科省は「帰国子女受入推進地域」

24）　細川　卓哉（2001 年）「外国人生徒の高校進学に関する教育課題―特別入学枠に着目して―」（名古屋大学大学院発達科学研究科教育科学専攻「教育論叢」第 54 号）

25）　安場　淳（2003 年）「各都道府県による"中国帰国生徒・外国人生徒"の進学保障の現状―公立高校の入試特別措置の設置状況についての調査報告」（中国帰国者定着促進センター「紀要」第 10 号）

26）　佐藤郡衛（1995 年）「転換期にたつ帰国子女教育」（多賀出版）

指定を開始した。これにより自治体での海外帰国生徒の受入とその教育が展開されるようになった。[27] 自治体独自の施策として、

  ①入学定員に一定の枠を設置 ②受検教科の配慮 ③選抜時期の配慮

  ④通学区域の配慮 ⑤帰国子女選抜と一般選抜の併願

など特別の便宜（配慮、特別措置）が図られた。

また、文科省は「学校基本調査」で在籍数調査を行い、ＨＰ等で公表している。総務庁も、1986（昭和61）年に長官名で文部大臣へ改善意見の通知を行い、次のように「特別枠」設置を勧めた。

「2編入学者のための特別定員枠の設定について」で「帰国子女については、…（略）…その編入希望に可能な限り応じるよう、例えば、これらの者に係る編入学許可の特別定員枠を設定するなど、適切な配慮を行うことが望ましいこと」

次に中央教育審議会は、1996（平成8）年の第一次答申で「大学・高等学校における入学者選抜については、…（略）…、今後とも、帰国した子どもの特性をより伸長するする観点から、特別選抜の拡充を図るとともに、…（略）…」、また「日本に在留している外国人の子どもたちの教育の改善・充実」では「…（略）…、外国人の子どもたちに対しても、柔軟な受入れ体制を整えていくことなどが必要である」と特別枠設置等と受入推進を求めている（第3部、第2章）。このように政府総務庁や中央教育審議会でも帰国生の「特別入学枠」設置を推奨している。

しかし、上述したように「受入」は自治体によって違う。海外帰国生徒の家族や当事者のアンケート[28] によると、「帰国子女教育に関する要望・問題点」として最も多いのが「受入校や受入枠の拡大」（23％）で受入体制のある学校が少ないこと、次が「受入制度・受入態勢の柔軟化」（22％）で帰国後1年以内や編入試験機会の増加などの受験制限の緩和等を求めている。このように現行の「海外帰国生」入試制度にも改善要望はある。

2．中国帰国生徒の受け入れ

1972年の「日中共同声明」を受けて日中国交の回復以降、それまで少数であった中国残留孤児・婦人とその家族の「帰国」が増加し、その子どもたちは小中学校へ編入した。この子どもたちの日本語や生活習慣の習得、そして高校や大学進学も大きな課題であった。子どもたちは不十分な日本語教材などから多くが学校不適応となり、勉強もわからない、仕事もないことから社会への不適応を起こし反社会行動も起こった。帰国者2世による「浦安事件」は日本社会に大きな衝撃を与えた（1989年）。また兵庫県内でも帰国者の自殺や殺人事件が起こった（1982年）。帰国者団体が日本弁護士会に諸問題解決の要望書を出したことによって、東京都教育委員会が全国初の措置として都立高校2校30人の特別枠入試を実施した。以後、神奈川県、長野県、福岡県、京都府、大阪府と続き、2011年度では13都府県に拡がった。また国立大学協会も87年11月に「中国帰国者等の入学特別選抜」実施を発表した。

このような広がりの中で文部省は1993年度『我が国の文教施策』に海外勤務者の子どもと、中国からの帰国者の子どもの教育課題をまとめて「帰国子女教育の充実」として積極的な受入れを都道府県に要請した[29]。こうして中国帰国生徒の「特別入学枠」が始まり、拡がった。

3．インドシナ難民、日系人、国際結婚等の子どもの受け入れ

同じように1980年代に定住化したのがインドシナ難民である。1975年にベトナム戦争が終わり、ベトナムや周辺のラオス、カンボジアにおける政治体制の変化が要因で海外への難民が増加した。日

---

27) 垂沢由美子（1996年）「教育制度における帰国子女問題―外国人子女との比較から」（富山大学人文学部卒論）

28) 日本在外企業協会実施。同協会ＨＰ 2011年「海外・帰国子女教育に関するアンケート」より。同調査は会員企業の海外派遣社員数・海外子女数、海外子女教育等の把握を目的として1999年から隔年実施。

29) 辻本久夫（2012年）「外国人の子どもに関する教育施策の動向」（関西学院大学人権研究、第16号）

本への難民が増えたのは、80年代からである。日本政府は、1979年3月に「難民事業本部」を設置して日本語教育や就職斡旋等を始めた。このインドシナ難民の受入れは、国際人権規約の批准を受けて、在日外国人に対する国内政策の改善・整備のきっかけとなり、「第2の開国」[30] とも言われる。1990年に入管法が改訂され、南米からの日系人の入国が増え、子どもたちも増えた。

　学校では新たな言語を母語とする子どもたちが増えてきた。難民や日系人の子どもも中国帰国者と同様に日本語と生活習慣の習得と、高校や大学進学が大きな課題となった。

　世界人権規約、子どもの権利条約等により、「内外人平等」「子どもの教育権の保障」の観点から、特別入学枠はベトナム人はじめ、すべての外国人にも適用されるようになった（来日時期による制限はある）

　1986年：東京都、全国初、都立高校で中国帰国者の受入れ
　　同年：神奈川、長野、福岡県でも実施
　1988年：京都府、中国帰国者の特別措置を発表
　1989年：大阪府、中国帰国者の入試の時間延長（1.3倍）
　1990年：大阪府、ベトナム人にも時間延長。日中等辞典持込
　　同年：奈良県、中国帰国者に特例入試（3教科と面接）
　1995年：大阪府、検査問題文にルビを付ける
　1996年：大阪府、一部の学科で母語作文（小論文）を認める。
　　同年：京都府、中国帰国者の特別枠を設置。
　1998年：奈良県、在日3年以内の外国人の特例入試を実施
　1999年：奈良県、特例入試実施校を1校追加する（計3校）
　2000年：大阪府、作文等のタイトルなどについて母語表記を行なう。
　　同年：京都府、特別入学者選抜に改称、別日程で国語、数学、英語と面接を実施。
　2001年：大阪府、「中国帰国生徒及び外国人生徒入学者選抜」を発表。新設全日制2校で枠設定。検査は作文（母語可）、数学、英語
　2002年：愛知県、県立3校で外国籍枠が導入される。計10名合格。
　2003年：長崎県、特例措置発表（中国帰国、外国籍生徒の受検を作文と面接のみ）既に九州他県では、辞書持込と時間延長は実施済。

　　　　　　　　　　　　　　　　　　　　　　　　　　　　　　　　　　（他略）

---

(3) 兵庫県での高校入試での「特別配慮」等

1．1981年に海外帰国生受入れ

　海外帰国生の受入れは文部省からの通知もあり、兵庫県でもその対応が課題となった。しかし、1981年に海外帰国生徒受入れの推薦入試制度導入を発表したが、「特別入学枠」導入はなかった。その頃、海外帰国者の他に、神戸や阪神地区では中国帰国者、姫路市中心にベトナム人が居住し、子ども達の勉強と高校進学が大きな課題となっていた。

2．2000年にルビと時間延長 [31]

　他府県での特別枠受入れや県内中学校等の要望から、2000年に高校入試で「配慮」が「障害」を持つ生徒に準じた内容が実施された。ルビ付試験問題と10分時間延長の「特別配慮」を開始した。

---

30) 神戸商科大学船場研究室（1996年）「阪神・淡路大震災におけるアジア系定住者の生活ネットワークの変貌と再生への展望—定住ベトナム人を中心として—」（神戸大学付属図書館震災文庫）1981年の国連難民条約の加入によるインドシナ難民の受け入れ開始を「第二の開国」という
31) 辻本久夫（2002年）「兵庫の学校デザイン」（兵庫県在日外国人教育研究協議会編集）

しかし、この制度には中学校時に定期試験等の問題用紙にルビ打が実施されている証明と学校長からの申請書が必要である。日本語早期向上を願ってテストにルビを打たなかったためにルビ打ちを断られたケースもある。

3．2002年の県議会での答弁 [32]

　2002年の県議会特別予算委員会で議員質問に対して高校教育課長が「（特別枠は）他府県の取り組みや有識者等の意見を参考に研究する」と調査研究を答弁したが、2014年の現在、答弁から12年になるが新しい制度導入は行われていない。

4．2002年に「海外帰国生の受入拡大」の通知

　2002年3月に文科省の通知を受け、教育長名で「海外帰国の子どもへの編入学考査の多く実施、生徒定員の2.5％を超えた受入れ可」を県立高校等に通知した。しかし、この通知は多くの学校で認知されず、また実施した学校はほとんどないと言われている。

5．2003年の県立芦屋国際中等教育学校生徒募集で初めて「外国人特別枠」実施

　2003年4月に兵庫県初の「中等教育学校」が開校した。募集で外国人生徒（30人）、帰国生徒（30人）、希望者（20人）の入学枠が設定された。（詳細は、第2部第1章）

兵庫県の「入試配慮」

1981年　県立芦屋南高校（現、県立国際高校）に、帰国生徒受け入れる「国際文化コース」を設置し、推薦入試で受入れと発表

1984年　入試選抜要項の推薦入試において「帰国生徒受入」を明文化するが、入試上の配慮や特別枠などは設置されず。

1991年　入試選抜実施要項に「英語コース、英語科、国際文化科の志願者の中に帰国生徒がいる場合、推薦入試において、その事情などを総合的に判断するように」と明文化。

2000年　日本語指導の必要な生徒について、中学校長からの具申があれば、個別審査の上、入試上の特別配慮を行なう（許可）と発表。（実施は、時間延長とルビ付のみ）

2002年　兵庫県議会特別予算委員会で、議員質問に高校教育課長が「（特別枠は）他府県の取り組みや有識者等の意見を参考に研究する」と答弁

2003年　県立芦屋国際中等教育学校開設（定員80名のうち外国人枠30人、海外帰国生徒枠30人、希望者20人）

以降、施策変更はなし

---

(4)　「特別入学枠」の必要性

1．兵庫県の外国人施策と現状

　兵庫県は、1994（平成6）年3月策定の「地域国際化推進基本指針」により、外国人を「外国人県民」と呼び、日本人県民と同じように暮らしやすい地域づくりを進める [33]。

　そして1998年に「人権教育基本方針」、2000年「外国人児童生徒にかかわる教育指針」を策定した。2013年12月末の外国人県民は96,541人（複数国籍世帯18,221、外国人住民世帯46,499）で全国7番目の多住県である。また、中国帰国者は142世帯459人 [34]。2013年度日本語指導の必要な子どもは全国12番目で904人である。

32）　兵庫県議会の平成14年度予算特別委員会（第7日　3月18日）（議会記録より）
33）　芹田健太郎（2005年）「阪神・淡路大震災　復興10年総括検証・提言報告」（復興10年委員会）
34）　2011年2月5日付日本経済新聞「高齢化ニュータウン兵庫県明舞団地に住んでみる（5）中国残留邦人社会の現実」より。1972〜2008年に兵庫県に登録、日本国籍と中国籍の人がいる．

２．「特別入学枠」導入で効果のあること

　①．外国人生徒にとって

- 教育効果・意欲が向上する（将来への夢が持てる）
  - ⇒　県立芦屋国際中等教育学校の進路は、９割以上が大学等進学
- 安易に働かず勉強をすることによって「子どもの貧困」「貧困の連鎖」が生じにくくなる（少年犯罪行為の防止にもなる）
- 高校・大学等での学習を通じて積極的に「社会参加」をするようになる（共生意識が育まれる）

　②．日本人生徒にとって

- 身近で国際感覚（異なる文化・違う民族・外国語等の理解）が向上する（自然と共生意識が育まれる）⇒「芦屋国際」への「希望者」が毎年 10 倍を超える
- 外国人への偏見、差別が生じにくくなる。
- 「枠」実施に伴い日本人生徒が持つと危惧する「不公平」観は、芦屋国際では、生徒募集や学校内の生徒間でも生じていない。

３．最後に、

　90 年代以降の日本は、急速な多民族化・多文化化を迎えていった。外国人が多く住む自治体では日本語だけでなくさまざまな課題解決のため、「外国人集住都市会議」[35] に参加し施策を協議している。「子ども権利条約」でも 18 歳未満の子どもは教育を受ける権利を持っているとされている。日本人と同じ基準の「平等な試験」では日本語能力が不十分な外国にルーツをもつ子どもはクリアできにくい。これまでの日本人を基準にした「制度に対する平等」だけでなく、「個々に対する公平」が必要である。現在の各種条約批准や文科省等の推奨、兵庫県の「方針」「指針」等には「どの子どもにも教育を」の理念がある。兵庫県では一日も早く「ニューカマー」生徒の高校「特別入学枠」導入を策定されることを臨みたい。

35）　2001 年 5 月に浜松市の呼びかけで発足。2010 年 4 月現在 28 都市が加盟、毎年開催し宣言等を採択し、政府に提言書等を提出するなどの活動を展開。

資料

資料1
1．高校進学

外国籍生徒の公立高入試
自治体対応にバラつき
大阪府 漢字にルビ、時間延長
兵庫県 特別な措置は取らず

教育関係者「等しい受験機会与えるべき」

1997年2月25日　産経新聞

公立高入試 全国調査
帰国者、外国人の受験
対応バラバラ
4道県は「配慮なし」

1999年6月6日　毎日新聞

ニューカマーの子どもたち
高校進学の壁知って

学生や市民ボランティアが取り組むベトナム人の子どもらの補習支援＝姫路市内

◀ 2002年7月3日　神戸新聞

- 70 -

資料

善意の補習が支え

入試に「特別枠」の県も

日本に定住する外国人が増加傾向にある中、日本で生まれた2世や、家族の呼び寄せで新たに来日する子どもたちの教育が大きな課題になっている。

県内では、かつて姫路市に外務省の外郭団体である難民事業本部の定住促進センターがあったことから、同市や神戸市にベトナム人が多く暮らしている。インドシナ難民の受け入れはず

日本で定住しても日本語が十分に理解できない子どもの高校進学率が95％を超える全体の高校進学率と比較して、かなり厳しい状況だ。

同市立城東小学校の金川晋輔教諭が開く補習教室のような場は、経済的に子供を高校進学させるあきらめが少なくない家庭に通わせる余裕がない家庭が多い中、重要な役割を果たしている。

県教委は05年から、各教委の、県の施策だけでは、さらなる検討の余地がいるとして、独自の事業でボランティアやサポーターを定期的に派遣する制度を設け、外国人生徒のいる学校に、派遣している。神戸市や姫路市の

県内で日本語指導が必要な児童生徒数

（人）
800─
700─
600─
500─
99 00 01 02 03 04 05年度
（県教委調べ）

言語別在籍数（05年度）

フィリピン語 59
その他 59
ベトナム語 254人
韓国・朝鮮語 92
スペイン語 59
ポルトガル語 101
中国語 133
751人

金川教諭は「特に来日して時間が短い子供にとっては支援が行き届かないといった点が大きい」という。

大阪府は一部の高校に、中国からの帰国者や外国人は、入試問題のルビ打ちや奈良県などにもある。神奈川県などでは将来に特定職や進学の夢を持っている子供が多く、進学の妨げとなっている。原則として小学

ただ、高校入試について

4年以後に来日した子供が対象で、今年度は5校に計56人が合格した。入学後も、日本語で教科を教える授業がある。こうした制度は、やはりベトナム人の多い神戸市や姫路市にもある。

同協議会の辻本久夫事務局長（兵）は「高校に行けなければ不安定な職業に就くことが多く、子どもたちは夢を持てなくなりかねない」と指摘している。

2006年9月16日　朝日新聞

高校進学で言葉の壁に直面

アジア、南米国籍の小中学生

不登校深刻、10─60％代の進学率

県在日外国人教育研究会調べ

親の就労や難民化などに伴い兵庫県内で暮らすアジアや南米国籍の子どもたちが、言葉の違いなどで厳しい高校進学の壁に直面し、小・中学校での不登校や不就学が深刻化している。そんな現状が十七日までに、大学教員や公立学校教員らでつくる研究会の調査報告書で明らかになった。「兵庫県在日外国人教育

研究協議会」（会長、安保則夫関西学院大学教授）で、今年四月から独自に自治体や公立学校を対象に調査。「21世紀　兵庫の学校デザイン理念・調査・提言」にまとめた。

調査に協力した明石、尼崎、神戸、姫路市の小、中学校教員らから一九八一～二〇〇一年にかかわった外国人の生徒をみると、ベトナム人は三十二人で、このうち全日

制高校進学者は二十人。いずれも10─60％代の進学率で、96％といわれる日本人生徒の進学率を大きく下回っている。

しかし、今回の調査で、中学校の定期試験でルビを付けていなかったことを理由に、配慮されなかった児童・生徒もいたという。

これらの結果から、同会は「国籍によらず平等に教育を受ける権利が優される」と指摘。十八日、県教育長に報告書を手渡し、緊急対策を訴える。同会は

答がなかった十自治体を除き、百六十二人が確認された。在留外国人統計による県内の五十四歳のブラジル国籍者は二百四十四人。

ち比較可能な十一市町の各自治体は七日、「外国人集住都市会議」の「意識の低さや学校側の者やその家族が多い全国自治体の連携団体。静岡

「21世紀　兵庫の学校デザイン理念」は三十二人で、うち全日

答がなかった十自治体を除き、

ブラジル人の児童生徒で昨年の0（ファクスは3080）

要な中学生から、日本語指導の必要な高校入試から、県内公立学校で昨年の進学率を調べたところ、回

☎078・230・3099（ファクスは3080）

2002年10月18日　神戸新聞

在日外国人の子供

3割近く学校通わず

11市町で調査

国に対策求める

年齢の外国人の子どものうち、三割弱が学校に通っていないとの調査を、同会議はまとめた。

教育に対する親から来日した外国人労働は七日、同会議に参加し受け入れ態勢の遅れなどが原因とみられ、同会議・県浜松市や愛知県豊橋

「外国人集住都市会議」の意識の低さや学校側の強化を求めている。

国の十四市町が参加して実施した調査結果のう

は五人、定時制高校は十人と比較可能な十一市町の各自治体のデータを総合したところ、六歳から十五歳の就学対象年齢の子どもが五千九百九十七人いるのに対し、不就学が千六百二十八人で二七・一％に上った。三重県鈴鹿市では十八・一％が日本の小中学校にも日本人学校にも通っていない。

市、群馬県大泉町などは全国自治体（東京会議、「外国人集住都市会議」は七日、同会議に参加して受け入れ態勢の遅れなどが原因とみられ、同会議

県浜松市や愛知県豊橋市の連携団体。静岡

文科省は「年内にも実態を把握し、外国人向けの日本語教育カリキュラムの策定などを進めたい」（初等中等教育局）としている。

2002年11月8日　朝日新聞

高校入試に言葉の壁

教育研究協議会が調査

県内外国人進学率50％

ベトナム、ブラジル人ら

兵庫県内で暮らす外国人の中学生は、韓国朝鮮籍の進学率が全日制高校への進学率が50％程度にとどまっていることが、学校教諭や大学教員らでつくる「兵庫県在日外国人教育研究協議会」の調査で、明らかになった。「言葉の壁」が障害となっており、就労目的の日系人やインドシナ難民の家族など「ニューカマー」が増える中、教育問題が深刻化している現状が浮き彫りになった。

（高田康夫）

同協議会が初めて、県内二十七市十一町の教委のそけは全日制高校への進学と昨年までの六年間の中学校卒業生の進路データを収集した（神戸市、伊丹市、猪名川町は回答せず）。対象となったのは、韓国朝鮮籍をのぞき、05年は百四十九人、06年は七十三人だった。

全日制高校への平均進学率は05年が53％、06年は90％を超

に就くことが多く、子どもたちは夢を持てなくなりかねない」と指摘している。

ベトナム人児童を対象にした補習教室。地域での学習支援活動の輪は広がっているが、高校入試の進学率は依然低いまま。＝姫路市城東町

える日本人の進学率を大きく下回っている。国籍別では、ベトナム40％（同30％）▽ブラジル46％（同46％）▽中国73％（同75％）▽ベトナム人の25％、ブラジル人の8％が定時制や通信制に進学している。

進学できない生徒は、兵庫県の日常会話を理解できないケースが多い。日本語が不十分な生徒は授業についていけなくなる。親の経済状況から、塾に通わせることできない家庭も多い。

兵庫県は二〇一の小中学校に日本語指導の専任教員などを配置。〇三年、日本語を指導する県立芦屋国際中等教育学校を芦屋市内に開校したが、「外国人の多い姫路などから通うのは難しい」という声が父母から上がる。

大阪府は、地域ごとに外国人生徒の定員枠を設置。試験の作文を母国語でも可能にするなどの支援を取っているが、兵庫県は高校入試問題のルビ打ちと試験時間の延長を認めただけ。同協議会は、大阪と同様のサポートを求める。

◀ **2007年6月17日　神戸新聞**

高校進学 外国人の子にも

狭い入学枠・不十分な環境…新たな格差

2007年9月22日 朝日新聞

「働くという選択肢しかないのは問題」

外国人の子に受験の壁

全日制進学 2人に1人は断念

支援グループ県内でも活動 教室不足など課題

日本語を学ぶ在日外国人ら＝芦屋市潮見町、潮見小学校

2009年11月20日 神戸新聞

「特別入学枠」花開く

大阪府立高、創設10年

来日の子、過半数大学へ

じっくり指導

18都府県だけ

勉強に取り組む中国出身の受験生＝神戸市中央区の神戸YWCA学院、今年1月、浅倉拓也写す

2010年3月24日 朝日新聞

資料

2012年11月11日　毎日新聞▶

外国人高校進学78%

「集住」29市町　日本語能力で格差

在留外国人の比率が高い自治体でつくる「外国人集住都市会議」に参加する全国29市町で、公立中学校の外国人卒業生1010人の外国人生徒ほど進学率が低く、外国人生徒の厳しい学習環境が浮き彫りになった。

29市町は座長都市の長野県飯田市のほか、浜松市や群馬県太田市、愛知県豊橋市──。複数市町にまたがることなどで、自動車工場で働く日系南米人ら在留外国人の割合が高い。

同会議は、12日に東京である同会議で発表され、調査は、日本語が母語ではない外国人の今春卒業生を持つ生徒も含まれる。担当教員に進路先を聞き取り集計した。

高校進学率（78～9%）の内訳は、全日制52・8%▽定時制22・9%▽通信制2・6%▽その他1・5%──と順に下がっていた。全国の中学卒業生約120万人の高校進学率は98・3%（学校基本調査12年度速報値）で、学歴社会の最下層を形成しつつある」と指摘。また、文科省国際教育課は「外国人生徒の日本語能力を測る方法を開発中なので、開発されれば現場で指導の助けになるはずだ」と述べた。

高校進学率（専門学校などを含む）をみると落差は大きい。外国人生徒の進学率は、定時制高校や外国人入学枠制高校などに伴う地域間格差も指摘される。

日本語教育課程など佐久間孝正・元立教大教授（多文化社会論）は「中学校に通わない生徒67・5%の日常会話ができない生徒58・1%──といった子どもは調査対象外で、実際はさらに20%は低いだろう。調査対象者の多くを占める日系南米人や中国人ら日本語教育課程など佐久間孝正・元立教大教授（多文化社会論）は「中学校に通わない生徒67・5%の日常会話ができない生徒」

日本語の通常授業が理解可能な生徒92・1%▽学習用語が分からない生徒67・5%の日常会話ができない生徒が理解可能な生徒92・1%▽学習用語が分からない生徒67・5%の

【石川宏】

◀2014年7月1日　朝日新聞

外国人生徒入試　福井高が実施へ

来春、府内で6校目

1年度に長吉、門真なみはやの2校で始め、現在は布施北、八尾北、成美を含む5校で導入されているが、府南東部に集中するため、府北部の高校で実施しており、16年度入試では対象の生徒が多く、16年度入試ではもう1校増やしたい」と話している。

47都道府県の教育委員会への取材では、19都府県の高校入試で、外国籍生徒や中国残留邦人を家族に持つ生徒への特別枠が設けられている。

府教委によると、特別枠入試は小学4年以降に来日した生徒が対象で、定員の5%の枠を確保。数学、英語、作文（日本語以外でも可能）で選抜する。200

橋本光雄・高等学校課長は「大阪市内には対象の生徒が多く、16年度入試では対象の生徒が多く、

府教委は府立高校での外国人・中国帰国生徒の特別枠入試を、来春から福井高校（茨木市）でも実施することを決めた。府内で6校目で、府北部では初めて。

【玉置太郎】

教育

edu@asahi.com

水曜〜土曜掲載

■外国籍・中国帰国生徒の高校入試特別枠

都道府県	定員枠	試験科目	受験資格
福島	7校若干名	作面	来日3年以内
茨城	全校各2人	国数面	来日3年以内
群馬	全校若干名	国数英作面	来日3年以内
埼玉	6校各10人	作面	来日3年以内
千葉（外）	9校各設定	作面	来日3年以内
（中）	全校若干名	作面	帰国3年以内
東京（外）	5校計55人	国数英面	小4以上編入
（中）	4校計24人	作面	小4以上編入
神奈川	8校計85人	国数英面	来日3年以内
山梨	全校各設定	3教科＋面	来日7年以内
岐阜	全校各3人	国数英作面	来日3年以内
静岡	9校各3人	日本語＋面	来日3年以内
愛知	4校若干名	国数英面	小4以上編入
三重	17校各5人	作面	来日6年以内
京都（中）	2校各5人	国数英面	小4以上編入
大阪	5校各5%	数英作	小4以上編入
奈良	3校若干名	数英面	小4以上編入
広島	全校若干名	国数英作面	帰国6年以内
福岡	19校定員内	国数英作面	小4以上編入
長崎	全校若干名	作面	来日3年以内
鹿児島	全校若干名	作面	来日3年以内

（外）＝外国籍、（中）＝中国帰国、作＝作文、面＝面接

日本語語指導が必要な子ども増加

日本語語指導が必要な児童・生徒数

4（万人）　文科省の資料から。99〜08年は毎年調査、それ以外は隔年

日本国籍／外国籍

文部科学省によると、公立学校で日本語指導を必要とする児童・生徒の数は、2012年度で約3万3千人。15年前の約1・8倍に増えた。このうち高校生は2410人いる。

母語別では、ポルトガル語、中国語、フィリピノ語の順に多く、就労制限のない日系ブラジル人（ポルトガル語）や帰国した中国などの子が多い。

日本に来た生徒や、中国などの漢字圏以外から来た生徒にとって、日本語の入試が大きな壁になっている。進学がかなわず定着に安定な生活を強いられるケースも多い、と指摘する。

こうした生徒のため、高校入試で特別枠を設ける自治体もある。全国で19都府県の教育委員会が外国籍生徒や中国帰国生徒の特別枠を設置、来日後の一定年数に限り、面接や作文などで選抜している。だが進学後の日本語学習を支える態勢が不十分なことなどから、中退者も少なくない。

人口減少が進む日本では、移民の受け入れが本格的に議論されている。毅治達・大阪成蹊大学准教授（教育社会学）は「中学の時に安定した生活を送れるよう、学校が安定した生活を送れるよう、多言語や多文化に通じた子どもは国の財産だ」と話す。

2014年7月16日　朝日新聞

2　支援関係

難民から隣人へ

東洋大姫路エース・アン君の周辺

=⑤=

言葉通じぬ家庭

「抽象理解　子は困難」／母語保障、厳しく

姫路市立城東小学校には、27人のベトナム人児童が通う。校内には日本語指導教室「いきいき教室」が設けられ、ひっきりなしに子どもたちが出入りする。

6年生の女の子、グエン・ティ・ゴック・トウェントさん（14）は、難しいとじっと考え込むが、テストがある時

面上、普通の会話ができなくなってくる。「表」しさを指摘する。

一方、子どもたちは母語をなかなか上達せず、また、学ぶ機会もほとんどない。外国人の子どもの教育は難しい。

豊教論⑥は指導の難しさを指摘する。

2003年3月6日　毎日新聞

日系ブラジル人一家

篠山に移住1カ月半 祖父の国は―

子どもら 優しさ感じて

日本語猛勉強「周囲の支え大切」

日本で暮らす父親を追い、7月上旬に篠山市に高屋した日系ブラジル人3世の子どもたちが、同市宮田の「篠山国際理解センター」で日本語の猛勉強を続けている。2学期が始まるまでに少しでも言葉を覚えようと教科書と格闘中だ。神戸港から日本人がブラジルに移住して今年で100年。時を経て祖父らの祖国で暮らすブラジル人の家族を追った。

(前川茂之)

父親とともに日本で暮らし始めた日系3世のヘベッカさん（右）ら＝篠山国際理解センター

◀ 2008年8月30日 神戸新聞

ペルーと中国出身、兵庫の2奨学生

市民の寄付に支えられ高校進学

言葉の壁越え 大学合格

「母国との懸け橋に」後輩に勇気

2011年12月21日 神戸新聞

広がる地域の支援

「散在」化する外国人児童・生徒
背景に来日事情の多様化
学習や居場所づくりも

2011年10月17日 神戸新聞

資料

3　プロジェクト関係

外国人の高校入学「特別枠」を

言葉に壁など苦労の現状報告

研究チーム、県教委に提言へ

言葉の壁に苦しむ子どもたちに高校進学のサポートを――。在日外国人の子どもの教育を考える研究集会が2日、神戸市須磨区の市立だいいち小学校で開かれた。日本語の授業が理解できないため、進学先の選択肢が狭まり、大学教員らによる研究チームが「特別入学枠」の設置を県教委に提言するという。

文部科学省の調査では、県内で日本語指導が必要な外国籍の児童生徒は774人（2012年度）。中国残留孤児やベトナム難民、中南米からの労働者らの子どもだ。

言葉の問題や家庭の事情から、高校進学をあきらめる子どもも多い。日本の公立高校入試では、問題のルビ打ちや試験時間の延長が認められる場合もあるが、特別枠はない。

研究チームは1月、大学非常勤講師の辻本久美子さんら12人で研究チーム「外国人の子どもの未来を拓く教育プロジェクト」を立ち上げた。

子どもの希望進路に応じた特別枠のあり方をまとめ、今夏にも県教委に導入を求める提言をしたい考えだ。

辻本さんは「高校にいる間に日本文化を知り、社会に出る準備ができる。将来の選択肢が広がる。子どもたちに平等な機会を与え、スタート地点に立たせたい」と話している。

外国の子どもの進学状況について話す辻本久美子さん（2日、神戸市須磨区の市立だいいち小学校）

◀2014年2月3日　朝日新聞

外国人生徒に特別入学枠を

移住数年以内が対象、今夏提言へ

公立高入試で研究チーム

外国から来日して間もない子どもたちが高校進学を選ぶとき、日本語が大きな壁となる。外国人子弟の大学教員らのチームが、各地の入試制度や子どもたちの現状を調べ、特別入学枠を設ける必要性を高校内に報告書をまとめ、県教委に提出している。

研究チームには、教育や人権、社会学、多文化共生などを専門とする大学教員ら12人が参加している。学院大非常勤講師の辻本久美子さんによると、2013年度の公立高校の入試で「特別入学枠」を設けていたのは19都府県。三重県では来年度から導入予定の19高校に、指定する特別枠をもつ県もみられるという。

兵庫県では公立高校の一般入試で特別措置を認定。中学校から申請があれば、障害者や外国人らに対し、休憩時間をつぶして別室受験を認めている。

研究チームは今後、他府県の実施状況の調査▽在留期間原則3年以内の子どもたちが言葉の壁でつまずいても、持てる才能と可能性を発揮できる仕組みづくりが必要で、15年度の公立高校定員再編の時期に合わせたい」と話す。

2014年2月13日　神戸新聞 ▶

外国人の高校進学を後押し

「特別枠」実現へ報告会

西宮、神戸

日本語能力が十分でない外国人の子どもたちに高校進学の機会を広げようと、研究者らでつくる研究チーム「外国人の子どもの未来を拓く教育プロジェクト」が、中間報告会を開く。これまでの調査結果を発表するほか、教員や当事者、外国人支援団体の関係者などが意見交換する。

同プロジェクトは今年1月、教育や人権、社会学、多文化共生などを専門とする大学教員らで結成。親の就労などで来日し、学習に必要な日本語能力がないために高校進学が困難な子どもたちを対象に、兵庫県の現状に合った「特別入学枠」を導入しようと、研究者や母親とする子どもが多いことなどが判明した。

兵庫県内には、公立小中学校に在籍している日本語指導が必要な児童生徒が774人（2012年5月1日現在、文部科学省調べ）。全国12番目に多い。

報告会では、これらの調査概要を発表し、参加者と意見を交わす。呼び掛け人で関西学院大非常勤講師の辻本久美子さん（65）は「教育現場や当事者の声を聞き、年内にまとめる報告書の作成に生かしたい」と話している。

報告会は7月26日、西宮市立勤労会館（西宮市城山町）▽8月2日午前10時～正午、新長田勤労市民センター（神戸市長田区）。辻本さん☎090・89899・93344

2014年7月25日　神戸新聞

外国人の子　低い高校進学率

「特別入学枠、県内でも」

西宮で教員ら集会

外国にルーツをもつ子どもたちの進学について話し合われた集会＝西宮市西福町

外国から来日して聞もない子どもたちが高校進学の機会を広げる「特別入学枠」の必要性を研究する大学教員らのチームが、各地の入試制度や子どもたちの現状を報告書にまとめ、県教委に提出している。チームは年度内に報告書をまとめ、県教委に提出する。

文部科学省の調査（2012年度）では、県内で日本語指導の必要な児童生徒数は904人。全国残留孤児やベトナム難民、中南米などの労働者らの子ども、親などを理由に、日本の授業が理解できずに進学先が決まらないなどのケースが多いという。

19都府県では公立高の入試で「特別入学枠」を設けるが、兵庫県にはない。

県内の大学教員らによる研究チーム「外国人のことも未来を拓く教育プロジェクト」は先月26日、西宮市内で集会を開き、約40人が参加した。

乾美紀・県立大准教授や大学非常勤講師の辻本久美子さんは特別枠の実施都府県に電話調査した結果、茨城や岐阜などでは通常の教科に特別入学枠を設けるなど、就職や作文を組み合わせるなど工夫がなされていることを報告した。

会場からは「中学の先生がこの制度を知らず、生かされていない」との指摘も。

日本語指導する教員を配置する高校側も日本語指導や学習支援をする教員が少ないなど、千葉では昨年度、特別枠で入学した18人

中、10人が大学に進んだ。関西学院大非常勤講師の辻本久美子さんは、国や県のデータを分析し報告。国籍別に県内の中学生の進学率や全日制高校進学率（12年度）をみると、ブラジルやフィリピンは4割前後、中国、ベトナム、ペルーも7割程度で、県内の公立高校の入試の合格状況は現状では外国部の子の合格は難しいと指摘した。乾さんや辻本さんらは「他県の状況を情報収集し、具体的な検討には至っていない」（高校教育課）という。

集会は2日にも、神戸市長田区の新長田勤労市民センターで午前10時から開かれる。参加自由。辻本さんらの報告のほか、参加者の意見交換も予定している。

2014年8月2日　朝日新聞

- 75 -

資料2
兵庫県議会議事録　2002（平成14）年3月18日：平成14年度予算特別委員会

出席委員：委員長　原　吉三　　　副委員長　岡　やすえ　　　理事：省略　　　委員：省略
説明のため出席した者の職氏名（教育委員会のみ掲載、ほかは省略）

教育委員会委員	平田　行廣	教育長	武田　政義
教育次長	陰山　茂	教育次長	岡田　奈良夫
教育委員会事務局総務課長	吉川　健一郎	同　財務課長	岡村　寿男
同　教職員課長	田寺　和徳	同　学事課長	麻埜　和夫
同　福利厚生課長	上田　勲	同　義務教育課長	圓尾　喜世司
同　高校教育課長	杉本　健三	同　社会教育・文化財課長	矢野　和彦
同　体育保健課長	吉井　和明	同　人権教育推進課長	岸　孝明
同　総務課室長（教育企画担当）	中野　直行	同　学事課室長（施設担当）	中島　勉
同　義務教育課室長（障害児教育担当）	青山　千尋		

以下略

....

○（原吉三　委員長）

　　ただいまから予算特別委員会を開会いたします。平成14年度関係、第1号議案ないし第22号議案を一括
議題といたします。　本日は、農林水産部・復興本部農林水産部及び教育委員会、企画管理部教育課・復興
本部企画管理部教育課関係の歳出審査を行います。（途中略）

○（黒田一美　委員）私から県の教育施策についてさらに充実させる立場でご質問をしていきたいと思う。

　　（以下まで省略）

　　次に、小中学校、高等学校における**外国人の子供たち**についてお尋ねをする。

　　国際化が進展し、外国人県民が住みやすく活動しやすい環境整備が図られるなど、地域国際化の推進が進
められる中で、本県における外国人登録者数は年々ふえ続け、約10万人となっている。　まず、そういった
中で、外国人の子供たちの支援についてお尋ねをする。小中学校や高等学校に通う外国人の子供たちは、公
立の小学校に兵庫県内で約3,000人、中学校で約1,800人、高等学校も1,700人を超えているが、その中には
中国語、ベトナム語、ポルトガル語などの母語を話す子供たちが多く、**日本語が理解できず、授業そのもの
にも追いついていけない子供たちがたくさんいるのではないか**と思う。このため、従来から日本語理解が不
十分な外国人の児童生徒に対し、指導補助員が派遣されているが、外国人の子供たちが学校の中ですくすく
と育っていくためには、**支援体制のさらなる充実が必要**と考えるが、その取り組みについてお伺いをする。

○（岸　人権教育推進課長）

　　ただいまご指摘のとおり、近年、著しい国際化やボーダーレス化が進展していく中で、県内の公立学校に
も日本語理解が不十分な外国人児童生徒が数多く在籍するようになった。外国人児童生徒への支援体制のさ
らなる充実が必要となってきていると認識している。

　　そのために、県教育委員会では、平成12年度策定した**外国人児童生徒にかかわる教育指針に基づき**、外
国人児童生徒の自己実現を支援するとともに、すべての児童生徒に共生の心の育成を図るための教育指導の
あり方や施策について検討する**子ども多文化共生推進委員会を設置**することとしている。

　　また、本年度まで実施してきた外国人児童生徒指導補助員設置事業の成果と課題を踏まえ、教職員と児童
生徒及び保護者とのコミュニケーションの円滑化を促すとともに、生活適応や心のケアを図るなど、学校生
活への早期適応を促進するために、**母語を話すことのできる子ども多文化共生サポーターを派遣**すること
としている。それとともに、次年度も、外国人児童生徒等日本語指導推進協力校を設け、日本語指導のあり方
や効果的な指導法を研究調査するなど、多文化共生の視点に立った学校の指導体制の改善を図っていきたい
と思っている。　これらに加えて、外国人児童生徒と日本人児童生徒、教員、保護者等が一堂に会し、交流
体験を通して異文化理解を図るための子ども多文化交流フェスティバルを実施し、外国人児童生徒への支援
を図っていきたいと思っている。

○（黒田一美　委員）

　　ぜひ、外国人の子供たちが日本の学校で生き生きと育っていくことは、そこで一緒に生活する日本の子供
たちにとっても国際化を養っていく本当に大切なことだと思うので、ぜひ、充実を要望しておく。

　　次に、関連して、**国際中等教育学校**についてお伺いをする。　日本語指導が必要な外国人児童生徒の数を
見ると、昨年9月現在で、小学校で408人、中学校で180人、高等学校では31人となっている。　単純に見
ると、年を経るにつれて日本語の理解が進み、高等学校で少なくなっているように見えるが、進学率の面で
見ると、**日本人の子供たちの高校進学率が96％**なのに対し、ベトナム国籍の子供たちでは約50％、中国残
留孤児の孫等の帰国生徒では約60％と言われている。

資　料

　　国勢調査の結果を見ると、外国籍を持つ子供たちはこの10年で減少はしているものの、東南アジア、南アジアの国籍を持つ5歳から9歳までの子供たちの県人口は1.6倍にふえている。**外国からの帰国生徒や日本に住み、日本で暮らす外国人の子供たちの進学機会を保障する必要がある**と思うが、県では、2003年4月から県立芦屋南高等学校の中に中高一貫の国際中等教育学校が開設されるとお聞きする。そこで、この学校を開設する意義について、まず、お伺いをする。

○（陰山　教育次長）

　　経済、社会、文化等のさまざまな面において国際交流が進んでいる。それに伴い、日本に在留する外国人生徒が増加したり、海外に在留する日本人生徒の期間の長期化や地域の広域化が進んでいるところである。

　　これらの外国人生徒や海外から帰国した生徒については、日本語指導を初め学校での生活や学習への適応といった問題等が指摘されている。これらの課題に対応するために、異文化、異言語に開かれた学校づくりの推進や柔軟な受け入れ体制の整備を図るとともに、海外での経験を通してはぐくまれた外国語能力や国際性等の特性の伸長、また、その特性を生かした一般の生徒との相互啓発を図る教育を推進していく必要があると考えているところである。

　　このため、平成15年度の設置に向けて準備を進めている**中等教育学校については、海外から帰国した生徒や日本語理解が不十分な外国人生徒を対象とし**、6年間の継続的な教育による効果的な日本語指導や、ゆとりの中で生徒の能力、適性等に応じた教育を行うこととしている。また、併設される国際高校との連携や生徒の交流等を推進することにより、多様な文化、生活、そして習慣のもとに育った意欲ある生徒は、ともに認め合い、協調して生きる多文化共生の場となるように努めていきたいと考えているので、よろしくお願いしたい。

○（黒田一美　委員）

　　まだ再来年度のことなので、基本的な答弁をいただいたが、ただいま、説明をいただいた学校への本当の意義が国際化という形での十分効果を上げるように、今回、計画を立ち上げるに当たり、この兵庫では外国人教育や子供たちを支援している、実際に取り組んでいるNGO、NPOの方たちがいる。こういう方々の意見を十分聞き、それこそ**本当に参画と協働、国際的な世界に開かれた学校づくりを進められるよう、強く要望**しておく。

　　次に、関連であるが、先ほどの国際中等教育学校については、いわゆる高校進学については入試がないことになると思うが、ただ、その通学圏の生徒たちにとっては極めて朗報だと思う。しかし、日本語指導が必要な小中学校の児童生徒を地域別に見ると、神戸、中播磨や丹波を中心に県下全域にいるし、在籍期間も2年以上の子供たちが圧倒的に多くなっている。その子供たちが、先ほど述べたように**進学率も本当に低い状態であるのが事実である。**

　　そこで、**県立高校において、入試の際に特別枠を設けるなど、何らかの取り組みが必要ではないかと思う。**既に外国人が多く居住する東京都や神奈川県、大阪、奈良などの12の都道府県では特別枠が設けられているとお聞きするが、県教育委員会としてのご所見をお伺いする。

○（杉本　高校教育課長）

　　現在、東京都や神奈川県、大阪府など10の都府県においては、それぞれ2ないし3校程度の英語系あるいは国際系の学科を設置する高等学校に、2ないし5名程度の外国人のための特別枠を設けた入試を実施している。本県では、公立高校の入試に際して、このような外国人のための特別枠を設けてはいないが、日本に来て間がない外国人生徒については、日本語が十分に理解できないために学力検査で実力が発揮できないことのないように、必要な場合は、検査時間を延長したり、あるいは検査問題にルビを振るなどの特別な措置を講じているところである。

　　今後は、公立高校の入試における外国人のための特別枠について、平成15年度に開設される、先ほど話が出た、この中等教育学校の入学者の状況を見定めながら、また、**他府県の取り組みや有識者等の関係各方面の意見も参考にしながら研究していきたい**と考えている。

○（黒田一美　委員）

　　この特別枠については、**兵庫県は国際都市と言われる割にはほかの県と比べてまだまだ弱いのではないか**と思うので、強く要望しておきたいと思う。　次に、ちょっと要望として言っておきたいが、実は、私、この調査をいろいろするに当たり、県の学校基本調査を見せていただいた。その中で表現として、「外国人児童生徒及び帰国子女数」という形で生徒のくくりをされている。これは恐らく国の調査の文言をそのまま引用したことだろうと思うが、いわゆる子供の人権、女性の人権からの意味で、帰国の子供だけ「帰国子女」、外国人は「外国人児童生徒」という言い方をしている。この「子女」という文言については「帰国児童生徒数」という形で訂正すべきではないかと思う。もう1点は、国がそういう文言でくくっておれば、県としては指摘改善を、要望をぜひしていただきたい。そのことを要望しておく。（以下略）

　　　　（兵庫県議会HPより、議事録編集は辻本久夫、議事録中の太字は編集者が記したものである）

資料３　兵庫県の高校入試概要・県立芦屋国際中等教育学校応募状況

（2014年度公立高等学校入学選抜要綱等より編集）

辻本　久夫

１．入試関係日程

(ア) 10月半ば、県教委より各学校、学科、コース等の募集定員の発表

(イ) 11月、各高校より生徒募集要項（人数、検査内容等）の発表と配布

(ウ) 01月、「２月入試」の志願承認書提出

(エ) 02月 3日 「２月入試」願書受け付け（14日入学試験実施、20日に合否発表）

(オ) 02月21日 「３月入試」（一般入試）願書受け付け

(カ) 03月12日 入学検査、合否発表（19日）

(キ) 03月下旬 定時制高校の再募集受付、学力検査、発表（３月入試で欠員がある学校のみ）

＊（「２月入試」「３月入試」は、筆者による表現である）

２．試験（検査内容）

(ア) 「２月入試」

① 推薦入学：中学校からの推薦書、調査書、その他必要な書類、検査・面接

(1) 専門学科（募集定員の50％、又は100％受入れ）

：農業10校、工業15、商業17、家庭6 【面接・小論文】、福祉2、水産1、看護2、音楽1、美術1、体育2、演劇1、総合科学1、環境防災1、理数6、国際6【面接・適性検査・実技検査・小論文（作文）】

(2) 系コース入試（募集定員の50％受入れ)

：国際文化系6校、自然科学系13、総合人間系4、健康福祉系1【面接・適性検査（英語・数学・理科から2教科以内)・実技検査・小論文（作文）】

(3) 単位制高校入試（募集定員の50％とする)【面接・適性検査・小論文（作文）】

(4) 帰国生徒：国際の5「学科」と1「系コース」で実施（合否判定においては、帰国生徒の事情を配慮しながら、総合的に合否の判定を行う）。資格:外国における在住期間が1年以上であり、帰国後3年以内で、保護者とともに県内で在住予定の者

＊毎年、応募者数は公表しているが、合否結果は発表せず。（応募者数H24年度9人、25年度4人、26年度15人）

② 特色選抜入試（募集定員の5％〜15％の受入れ：56校 ＊家島高校・村岡高校のみ50％受入れ

③ 多部制（単位制）高校Ⅰ期入試：県立4校〔面接・作文〕1・2部は定員の60％、3部は70％

(イ) 「３月入試」（一般入試）学力検査（5教科）と調査書

(ウ) 定時制高校の再募集（欠員のある高校だけ）：学力検査（5教科）と調査書

定時制高校は統廃合のため、2月入試で募集定員オーバーも出て、不合格者もいる（神戸市以外）。再募集は募集数も少なく、2月入試より狭き門となっている

３．県立芦屋国際中等教育学校（6年制、前期・後期制）の応募状況：定員80名（兵庫県教育委員会HPより）

（　）内は定員、他は応募者数

H23年度：外国人児童（30人）85人、帰国児童（30人）50人、特に希望者（20人）211名

H24年度：外国人児童（30人）67人、帰国児童（30人）42人、特に希望者（20人）224名

H25年度：外国人児童（30人）82人、帰国児童（30人）41人、特に希望者（20人）212名

H26年度：外国人児童（30人）61人、帰国児童（30人）47人、特に希望者（20人）217名

資料

資料4　2014年　兵庫県内の子ども支援教室

※案内内容については変更の可能性もありますので、詳しくは直接各団体へお問い合わせください。

2014年8月現在　（公財）兵庫県国際交流協会作成

No.	地域	名称	主催者（団体）	支援内容 日本語	支援内容 教科	支援内容 母語	場所	日時	受講料	連絡先	その他
1	神戸市東灘区	にほんごひろば岡本	にほんごひろば岡本	○	○	─	神戸市東灘区本山中町4-18-22（愛甲学院中町校内）＊最寄駅：JR 摂津本山駅／阪急 岡本駅	水　午前10時～午後8時（1回90分）土　午前10時～午後4時（1回90分）	登録料2,000円／年 受講料1,000円／月	078-453-5931 E-mail:hiroba@aicoh.ac.jp ※メールによる連絡を希望 http://www.geocities.jp/nihongohiroba_okamoto/index.htm	
2		学習塾 MoMo	外国から来た子どもの学習支援団体「MoMo」	○	○	─	神戸市東灘区住吉宮町2-2-3 住之江公民館 別館 ＊最寄駅：JR／阪神 住吉駅	日　午前10時～午前12時	無料	E-mail:momo_children@yahoo.co.jp 090-4495-0341	
3		東灘日本語教室 こどもコース	東灘日本語教室	○	○	─	神戸市東灘区深江南町4-12-20-201 ＊最寄駅：阪神 深江駅	月・木　午後4時～6時	500円／月 ※免除制度あり	078-453-7440 E-mail: hnk_inquiry@hotmail.com http://hnkdiary.blog121.fc2.com/	
4		NIKONIKO日本語教室	こうべ子どもにこにこ会	○	○	─	①本庄地域福祉センター 神戸市東灘区本庄町2-5-1 ※最寄駅：阪神 深江駅 ②多文化共生センターひょうご事務所 神戸市東灘区深江南町4丁目12-20-201 ＊最寄駅：阪神 深江駅	①毎週土　午後4時～6時 ②月～金（週3～4回）午後4時～7時	2,100円／月 保険料500円／年	078-453-7440 E-mail: kobekodomo_nikonikokai@yahoo.co.jp http://nikoniko.qee.jp/	
		NIKONIKO母語による教科学習教室		─	─	○（ス・ポ・英語）		毎週木・土　午後4時～7時			
		NIKONIKOスペイン語母語教室		─	─	○（スペイン語）	神戸市立本庄小学校 神戸市東灘区青木4-4-1 ＊最寄駅：阪神 深江駅	毎週火　15時～17時			
5	神戸市灘区	灘わくわく会	外国から来た子どもの勉強会「灘わくわく会」	○	○	─	神戸市灘区八幡町4-8-28 六甲地域福祉センター ＊最寄駅：阪急 六甲駅	土　午前10時～正午	無料	090-1148-0196 E-mail:wakuwaku136@ezweb.ne.jp http://site.m3rd.jp/hyogo-nihongo-volunteer-network/contents.php?m_id=842	・対象：小学・中学・高校生 ・ボランティアの大半は、小中学校教員OB ・初期の日本語学習や学校の宿題を支援
6	神戸市中央区	日本語ひろば	二宮児童館	○	─	─	〒651-0093 神戸市中央区二宮町1-3-2 二宮児童館 ＊最寄駅：三ノ宮	金　午後4時半～5時半	無料（絵本や各教科の教科書を教材として使用するための教材費も不要）	078-242-6411	・対象：小・中学生・高校生（保護者も参加可能）・原則として参加はマンツーマン形式
7		CBK学習支援講座 AMIGOS	NPO関西ブラジルコミュニティ（CBK）	○	○	○（ポルトガル語）	神戸市中央区山本通3-19-8 神戸市立海外移住と文化の交流センター3F ＊最寄駅：JR／阪神 元町駅	＜日本語・教科＞ 毎週土　午後1時～5時 ＜母語＞毎週土 グループI　午後1時～5時 グループII　午前11時～午後5時	1,500円／月	078-222-5350（火～日 午前12～7時）E-mail:cbk.bras.01@tiara.ocn.ne.jp http://www16.ocn.ne.jp/~cbk.bras/	・地域在住の方対象

No.	地域	名称	主催者（団体）	支援内容 日本語	教科	母語	場所	日時	受講料	連絡先	その他
8	神戸市中央区	iEARN日本語・母語教室	特定非営利活動法人ネットワーク・テクノロジ推進機構（JEARN）	○	○	○（中・英語）	神戸市青少年会館 神戸市中央区雲井通5丁目1番2号 ＊最寄駅：JR／阪神／阪急 三宮駅	毎週土 午後1時30分～3時30分	無料	078-593-9308 E-mail:office@jearn.jp http://www.jearn.jp/	
9		日本語ボランティア[チャイ]	日本語ボランティア[チャイ]	○	○	―	神戸市中央区真砂通2-1-1 葺合公民館 神戸市中央区雲井通5-1-2 青少年会館 ＊最寄駅：JR／阪神／阪急 三宮駅	＜葺合公民館＞ 毎週水 午後3時半～5時半 ＜青少年会館＞ 毎週水・金 午後6時～8時45分 毎週土 午前9時半～11時45分	無料 （中学生以上：教材費自己負担）	090-2595-8654	
10		はっぴー・さぽーと	公益財団法人神戸YWCA	○	○	―	神戸市中央区二宮町1丁目12-10 神戸YWCA会館 ＊最寄駅：JR／阪急／阪神 三宮駅	①土 午前9時半～午後5時、1時間／回 月2～4回 ②夏期期間中 8.5～8/23の月～金 15日間 4時間／日	①無料 ②2,000円（資料代）	078-231-6201 E-mail:office@kobe.ywca.or.jp http://www.kobe.ywca.or.jp/	
11		日本語基礎教育・中国語会話初級	NPO法人神戸日中文化交流推進会	○	○	○（中国語）	神戸市中央区中山手通5丁目2-13 四宮神社会館2F ※最寄駅：JR／阪急／阪神 元町駅	①日本語 第1土曜 午後1時～5時 ②母語 第3土曜 午後2時～5時	①500円／回 ②300円／回	078-599-5715 Email:eno@kobe-jccep.org	
12	神戸市兵庫区	たかとり土曜学校	聖ビンセンチオボランティアたかとり土曜学校	○	○	○（ベトナム語）	神戸市兵庫区塚本通4-4-4 カトリック兵庫教会内児童館 ＊最寄駅：JR兵庫駅	土 午後2時～4時半 （第2土曜は休み）	無料	078-782-2734	
13	神戸市長田区	外国にルーツを持つ子どもの学習教室 MOI（小学生）	特定非営利活動法人神戸定住外国人支援センター	○	○	―	神戸市長田区若松町4-4-10 アスタくにづか北棟501【KFC事務所隣接スペース】 ＊最寄駅：JR新長田駅／神戸市営地下鉄 新長田駅	火・水・木 午後3時～6時半	1,000円／月 （教材費を含めた協力金として）	078-612-2402 E-mail:kfc@social-b.net http://www.social-b.net/kfc	対象：小学生
14		MOI（中学生）		○	○	―	賀川記念館 （三宮から徒歩15分、阪神春日野道から徒歩7分）	水・木 午後6時～8時半			対象：中学生
15		はいず（小学生）		○	○	―		金 午後4時～6時			対象：小学生
16		就学前の子どものプレスクール		○	―	―	上記2箇所	要問合せ			対象：4～6歳
17		Amigos sin Fronteras	ひょうごラテンコミュニティ	○	○	○（スペイン語）	神戸市長田区海運町3-3-8 たかとりコミュニティーセンター ＊最寄駅：JR鷹取駅	第2・第4土曜 ①母語支援 11:00～13:00 小学生から中学生対象 ②日本語学習支援 13:30～14:30 小学生対象 ③教科学習支援 13:30～14:30 小学生対象	無料	078-739-0633 E-mail:hlc.jp.info@gmail.com http://www.latin-a.com	スペイン語圏にルーツを持つ子供対象

No.	地域	名称	主催者（団体）	支援内容			場所	日時	受講料	連絡先	その他
				日本語	教科	母語					
18	神戸市長田区	だいいちオリニッタン 連池オリニッタン	神戸在日コリアン保護者の会	—	○	○（韓国語）	①神戸市立だいいち小学校 神戸市須磨区大池町5丁目15-1 ※最寄駅：JR鷹取駅 ②神戸市立連池小学校 神戸市長田区大谷町1-1-10 ＊最寄駅：JR／市営地下鉄 新長田駅	①だいいちオリニッタン 毎週水 午後3時～5時 ②連池オリニッタン 毎週土 午前10時～正午	年会費 2,000円／家族 受講料 1,500円／家族／月	078-521-3855 E-mail:korea_uriecc@ybb.ne.jp	
19	西宮市	日本語なかよしひろば	西宮市国際交流協会	○	—	—	西宮市池田町11-1 フレンテ西宮4F 会議室 ＊最寄駅：JR西宮駅／阪急今津線 阪神国道駅	木 午後4時～5時半 ※西宮市内の公立小・中学校へ通う児童・生徒とその親を対象	こども 1,000円 親 2,000円／期	0798-32-8680／8676 E-mail：nia@nishi.or.jp http://nishi.or.jp/homepage/nia:	原則としてマンツーマン形式
20		こくさいひろば・あしやこども教室	こくさいひろば芦屋	○	○	○（中国・ポルトガル・英語）	芦屋市潮見町1-2 芦屋市立潮見小学校コミュニティ会議室 ＊最寄駅：JR／阪神 芦屋駅より阪急バス「若葉町」下車	<日本語> 日 午前10時～正午（小～高校生）月・木 午後7時～8時半（小～高校生） <母語> 日 正午～午後1時	①日本語 日曜 年2,000円／家族 夜間 月500円／人 ②母語 無料	090-8989-9344 E-mail:htsujmt@ares.eonet.ne.jp	
21	芦屋市	ACAこどものためのにほんごきょうしつ	NPO法人芦屋国際交流協会（ACA）	○	—	○（ポルトガル語）	兵庫県芦屋市海洋町7-1 潮芦屋交流センター ＊最寄駅：阪急芦屋川、JR芦屋、阪神芦屋 バス乗車「潮芦屋中央」下車	金 午後4時半～6時（小学生対象）	1,000円／半年（教材補助費）	0797-34-6340 E-mail:aca@npo-aca.jp	マンツーマン形式。日帰りバス旅行（子供の場合は保護者同伴）や「端午の節句」や「ひな祭り」などのイベントを開催しています
22	宝塚市	ジョイア	宝塚市国際交流協会	—	—	○（ポルトガル語）	宝塚市中野町22-19 くらんど人権文化センター ＊最寄駅：阪急小林	土 午前10時～午後12時	無料	0797-76-5917 E-mail：tifa@jitk.zaq.ne.jp	
23	宝塚市	日本語・教科学習教室（小学生クラス、中学生クラス）	特定非営利活動法人 ともにいきる宝塚	○	○	—	宝塚市中野町8番20号 きずなの家ともにいきる宝塚 ＊最寄駅：阪急 小林駅	<小学生クラス> 月・水 午後3時～6時 <中学生クラス> 日時限定せず	無料	0797-20-6909（月・水 15:00～18:00の間）mailinfo@tomoniikiru.net http://www.tomoniikiru.net http://www.facebook.com/tomoniikiru	マンツーマン形式
24	三田市	子どもにほんご教室 SKIP	三田市国際交流協会	○	—	—	三田市まちづくり協働センター幼児室 三田市駅前町2番1号 三田駅前一番館6階 ＊最寄駅：JR／神戸電鉄 三田駅	土 午後1時半～3時半（月3回程度）	2,000円／半年	079-559-5164 Fax:079-559-5173 E-mail:office@sia-japan.org	5歳～中学生対象 学習後30分程度の交流タイムあり

No.	地域	名称	主催者（団体）	支援内容			場所	日時	受講料	連絡先	その他
				日本語	教科	母語					
25	明石市	明石こどもクラブ（日本語）	中国「残留日本人孤児」を支援する兵庫の会	○		ー	明石市生涯学習センター 明石市東仲ノ町6-1 ＊最寄駅：ＪＲ／山陽電鉄明石駅	日 午前9時半～11時半	2,000円／月	E-mail:nicchuhyogokenren@hotmail.com	
26		明石こどもクラブ（中国語）		○	○	○（中国語）	明石小コミュニティセンター 明石市山下町12-21 ＊最寄駅：ＪＲ／山陽電鉄明石駅	土 午後6時半～8時半	2,000円／月		中国帰国者最優先。その他日本語の学習に困っている人
27		明石小コミセン日本語教室	神戸中国帰国者日本語教育ボランティア協会	○		ー	明石市山下町2-21 明石小学校コミセン内 ＊最寄駅：ＪＲ／山陽電鉄明石駅	日 午後1時半～3時半	入会1,000円 ※中国帰国者は無料	078-911-5005（授業中） 078-917-0320（時間外）	
28	加古川市	にこにこ日本語勉強教室	にこにこ日本語教室	○		ー	加古川市平岡町 城の宮第一団地集会所 ＊最寄駅：ＪＲ土山駅	水 午後7時～9時	無料	090-1079-1980 E-mail:tatijun50@hi2.enjoy.ne.jp	
29	高砂市	伊保南わいわい日本語学習会Ⅱ	伊保南わいわい日本語学習会	○		ー	高砂市梅井4丁目40 高砂市梅井自治会館 ＊最寄駅：山陽電鉄 伊保駅	金 午後7時～9時	年会費 1,000円／年	090-5960-4868 E-mail:c1000blessings@yahoo.ne.jp	
30	加西市	コドモ・アミーゴス（日本語） ブラジル・アミーゴス（ポルトガル語） ボリビア・アミーゴス（スペイン語）	Ａｍｉｇｏｓ Universales	○		○（ポルトガル、スペイン語）	＜日本語・教科学習＞ 加西市北条町北条28-1 アスティア加西3F ほか ＊最寄駅：北条鉄道 北条町駅 ＜母語・教科学習＞ 講師宅	＜日本語・教科学習＞ 第2 or 第3土 午前10時～午後1時 ＜ポルトガル語・教科学習＞ 隔週日曜 午前10時～正午 ＜スペイン語・教科学習＞ 隔週土曜 午前10時～正午	無料	090-1718-1886 E-mail：dorita_8_3@hotmail.com http://ameblo.jp/globalfriendskasai/	
31	姫路市	城東町補習教室	城東町補習教室	○		ー	姫路市城東町122-2 城東町総合センター2階 ＊最寄駅：JR播但線 京口駅	土 午後1時半～3時半	無料	079-282-0921（姫路市立東小学校内）	
32		城東寺子屋	城東寺子屋	○		ー	姫路市城東町122-2 城東町総合センター ＊最寄駅：JR播但線 京口駅	土 午後1時半～3時半	無料	090-1075-9840 E-mail：mayumizora@hotmail.com	
33		城東日本語教室	姫路獨協大学日本語教育ボランティアグループ	○		ー	姫路市城東町竹之門15 姫路市立城東公民館 ＊最寄駅：JR播但線 京口駅	木 午後7時～8時半 ※8月は夏休み、3月は春休み	無料	0792-23-0970 E-mail:yamasaki@himeji-du.ac.jp	
34		がんばろうにほんご	がんばろうにほんご	○		ー	姫路市花田町小川553-2 高木総合センター ＊最寄駅：姫路駅から神姫バスで小川バス停下車	日 午後2時～4時	無料	090-2194-3102 E-mail: ganbarou.nihongo.himeji@gmail.com	

資　料

No.	地域	名称	主催者（団体）	支援内容			場所	日時	受講料	連絡先	その他
				日本語	教科	母語					
35	姫路市	サマースクール・ウインタースクール（小・中学生対象）	花田レクレーションクラブ	○	○	―	姫路市花田町小川 553-2 高木総合センター ＊最寄駅：姫路駅から神姫バスで小川バス停下車	火・木・土 午後2時～4時 ※夏期・冬期休業中	無料	090-7760-4674 E-mail:FZL01514@nifty.com	
36		外国語講座	ＮＰＯ法人姫路人権ネットワーク	○	○	―	姫路市花田町小川 553-3 高木総合センター ＊最寄駅：姫路駅から神姫バスで小川バス停下車	第2・第4金 午後7時～9時	無料	079-223-8388 E-mail:himejijinken@aroma.ocn.ne.jp http://www6.ocn.ne.jp/~jinken/	
37	佐用町	佐用町国際交流協会	佐用町国際交流協会	○	○	―	①佐用郡佐用町佐用 2885 さよう文化情報センター ②佐用郡佐用町佐用 469-1 西山会館 ＊最寄駅：JR佐用駅	随時	無料	090-5975-3378 E-mail:tanigu284k@hm.h555.net	
38	朝来市	あさご日本語教室	朝来市連合国際交流協会	○	―	―	朝来市山東町末線 710 朝来市山東公民館 ＊最寄駅：JR播但線・山陰本線 梁瀬駅	<マンツーマンレッスン> 火 午後7時～午後9時	無料	079-672-6139 E-mail:machizukuri@city.asago.hyogo.jp	
39	豊岡市	にほんご豊岡あいうえお にほんご教室	ＮＰＯ法人にほんご豊岡あいうえお	○	○	―	あいうえお事務所 豊岡市庄和町 2-50 川本ビル 102	火・木 19時半～21時	外国にルーツを持つ高校生以下 無料	(0796) 20-4037 携帯：aiueo_nihongo_toyooka@softbank.ne.jp PC:aiueo_nihongo_toyooka@nike.eonet.ne.jp http://www.eonet.ne.jp/~aiueo-nihongo/	
40				○	○	―	出石健康福祉センター 豊岡市出石町福住 1302	月 18時半～20時半 水 15時半～17時 金 18時半～20時	無料		
41	篠山市	うりぼうくらぶ 月曜クラス	（特非）篠山国際理解センター	―	○	―	篠山城下町会館 ＊最寄駅：JR篠山口駅 神姫バス [二階町] バス停から徒歩3分	毎週月 16時～17時半	無料	079-590-8125 E-mail:sasayama.kokusairikai@gmail.com http://www.voluntary.jp/weblog/RedirectServlet?npoURL=npoicu	篠山市内のみ、子ども送迎バス有り 対象：小学生から高校生
42		うりぼうくらぶ 水曜クラス		―	―	―	篠山国際理解センター 篠山市宮田 240番地 篠山市西紀北支所3階 ＊最寄駅：JR篠山口駅 神姫バス [西紀支所] バス停前	毎週水 16時～18時半			
43		ポルトガル語クラス		―	―	○（ポルトガル語）		木 16時～19時半（年間12回程度）			
44	丹波市	こんにちは [こども教室]	柏原日本語教室 [こんにちは]	○	○	―	柏原町柏原 2792 ＊最寄駅：JR福知山線 柏原駅	<春・夏・冬休み期間> 午前8時～11時	無料	0795-72-3250 E-mail:101@hb.tp.jp	<マンツーマン形式、教室形式>
45		学習支援教室	ひかみ日本語コミュニケーションクラブ	○	○	―	丹波市氷上町成松 1037-1 (有) 足立花養2階会議室 ＊最寄駅：JR福知山線 石生駅	火 午後8時～9時 水 午後8時～9時 木 午前10時～11時	500円/月	0795-82-4112 E-mail:sky12041037@yahoo.co.jp	マンツーマン形式

No.	地域	名称	主催者（団体）	支援内容			場所	日時	受講料	連絡先	その他
				日本語	教科	母語					
46	南あわじ市	なかよし母語教室	なかよし母語教室	—		○ （中国語）	南あわじ市青木198番地1 南あわじ市立働く婦人の家 南あわじ市広田広田1057-1 緑市民センター	毎月2回 隔週日曜日　午後1時～3時	500円／年	0799-53-1487 E-mail:yamacho@mercury.sannet.ne.jp	
47		にほんごふれあい教室	にほんごふれあい教室	○	—	—	南あわじ市湊75番地1 南あわじ市西淡公民館 ＊最寄駅：高速バス「陸の港西淡」 南あわじ市三條880番地　三原公民館 ＊高速バス「陸の港西淡」→らんらんバス「三原庁舎前」	毎週月　午前9時半～10時半 （三原公民館） 毎週火　午後8時～9時　日　午後3時～4時 （西淡公民館）	1,000円／年	E-mail:jinken_kyouiku@city.minamiawaji.hyogo.jp	
48	淡路市	ニーハオ淡路・母語教室	ニーハオ淡路・母語教室	—	—	○ （中国語）	淡路市久留麻2600-1番地　東浦公民館 ＊最寄駅：淡路交通バス「久留麻」「仮屋」	毎月2回　第1・第3土曜日 午前9時半～10時半	100円／回	E-mail:echo_light6@yahoo.co.jp	

資料５　2013年末　兵庫県内在留外国人数

（平成 25 年 12 月末現在）

国籍別人数（上位 20 カ国）

	国籍	人数
	全体	96,541
1	韓国・朝鮮	48,157　（49.9%）
2	中国	23,709　（24.6%）
3	ベトナム	5,204　（5.4%）
4	フィリピン	3,529　（3.7%）
5	ブラジル	2,502　（2.6%）
6	米国	2,269　（2.4%）
7	インド	1,492　（1.5%）
8	台湾	1,105　（1.1%）
9	ペルー	856　（0.9%）
10	インドネシア	758　（0.8%）
11	タイ	735　（0.8%）
12	ネパール	690　（0.7%）
13	英国	629　（0.7%）
14	カナダ	471　（0.5%）
15	オーストラリア	446　（0.5%）
16	フランス	315　（0.3%）
17	ドイツ	245　（0.3%）
18	ロシア	214　（0.2%）
19	パキスタン	185　（0.2%）
20	マレーシア	171　（0.2%）

在留資格別人数

在留資格	人数
全体	96,541
特別永住者	43,999　（45.6%）
永住者	22,019　（22.8%）
留学	5,928　（6.1%）
定住者	4,441　（4.6%）
日本人の配偶者等	4,423　（4.6%）
家族滞在	3,830　（4.0%）
技能実習 2 号ロ	2,790　（2.9%）
人文知識・国際業務	1,869　（1.9%）
技能実習 1 号ロ	1,673　（1.7%）
技術	1,008　（1.0%）
技能	897　（0.9%）
永住者の配偶者等	770　（0.8%）
教育	565　（0.6%）
特定活動	453　（0.5%）
宗教	393　（0.4%）
投資・経営	370　（0.4%）
企業内転勤	346　（0.4%）
教授	221　（0.2%）
技能実習 1 号イ	147　（0.2%）
研究	94　（0.1%）

出典：法務省「在留外国人統計 2013」

2013年末　県内在留外国人市区町別人員数

(平成 25 年 12 月末現在)

			総数	中国	台湾	韓国・朝鮮	フィリピン	ブラジル	ベトナム	ペルー	米国	その他
兵庫県			96,541	23,709	1,105	48,157	3,529	2,502	5,204	856	2,269	9,210
神戸県民局管内			43,039	13,333	770	19,297	1,054	426	1,780	192	1,272	4,915
	神戸市		43,039	13,333	770	19,297	1,054	426	1,780	192	1,272	4,915
		東灘区	4,866	1,334	83	1,548	263	257	70	98	305	908
		灘区	4,281	1,242	76	1,679	110	21	89	4	319	741
		兵庫区	4,215	1,874	56	1,597	88	24	259	15	28	274
		長田区	7,090	697	37	5,088	69	11	984	12	35	157
		須磨区	3,745	422	33	2,826	53	17	127	18	52	197
		垂水区	2,622	823	30	1,263	72	11	24	5	102	292
		北区	1,970	390	50	1,135	40	21	25	4	65	240
		中央区	11,734	5,815	381	2,968	252	41	105	27	306	1,839
		西区	2,516	736	24	1,193	107	23	97	9	60	267
阪神南県民局管内			19,079	3,107	142	12,626	486	332	402	132	444	1,408
	尼崎市		11,234	1,659	42	8,158	279	154	320	61	107	454
	西宮市		6,272	1,131	70	3,779	172	153	46	27	253	641
	芦屋市		1,573	317	30	689	35	25	36	44	84	313
阪神北県民局管内			8,624	1,270	70	5,537	224	310	140	39	206	828
	伊丹市		3,153	550	10	2,094	79	97	47	13	30	233
	宝塚市		3,032	330	42	2,024	84	173	13	12	88	266
	川西市		1,245	186	5	837	25	23	14	3	35	117
	三田市		1,037	169	12	503	29	15	60	11	45	193
	猪名川町		157	35	1	79	7	2	6	-	8	19
東播磨県民局管内			7,118	1,556	49	3,201	566	352	391	151	97	755
	明石市		2,941	817	25	1,312	136	115	118	55	56	307
	加古川市		2,464	518	16	1,035	245	173	138	68	32	239
	高砂市		1,056	88	1	683	80	12	43	24	5	120
	稲美町		252	36	5	45	37	13	48	-	-	68
	播磨町		405	97	2	126	68	39	44	4	4	21
北播磨県民局管内			3,492	1,045	25	819	236	499	291	156	40	381
	西脇市		419	90	-	231	37	9	12	1	6	33
	三木市		984	190	8	288	45	194	20	77	8	154
	小野市		631	88	12	148	64	156	70	43	9	41
	加西市		775	334	1	74	30	111	111	5	6	103
	加東市		524	272	4	61	37	21	51	30	6	42
	多可町		159	71	-	17	23	8	27	-	5	8

	総数	中国	台湾	韓国・朝鮮	フィリピン	ブラジル	ベトナム	ペルー	米国	その他
中播磨県民局管内	10,626	1,899	29	5,578	411	170	1,923	88	88	440
姫路市	10,189	1,596	29	5,545	399	162	1,883	87	81	407
神河町	28	8	-	1	4	5	-	1	1	8
市川町	76	55	-	6	1	-	7	-	2	5
福崎町	333	240	-	26	7	3	33	-	4	20
西播磨県民局管内	1,669	416	10	654	144	78	88	72	43	164
相生市	342	53	-	229	19	1	11	-	8	21
たつの市	422	111	7	120	18	19	18	55	13	61
赤穂市	321	61	1	138	42	37	12	-	6	24
宍粟市	183	97	1	25	24	3	3	12	12	6
太子町	213	39	-	83	13	8	31	4	3	32
上郡町	98	13	-	39	26	8	6	-	-	6
佐用町	90	42	1	20	2	2	7	1	1	14
但馬県民局管内	1,035	462	3	135	159	38	64	2	36	136
豊岡市	518	252	2	87	75	4	23	2	17	56
養父市	110	38	1	3	29	-	23	-	4	12
朝来市	201	65	-	19	34	34	9	-	8	32
香美町	106	57	-	14	18	-	9	-	5	3
新温泉町	100	50	-	12	3	-	-	-	2	33
丹波県民局管内	1,183	386	2	170	135	274	94	11	21	90
篠山市	538	81	2	92	50	174	73	9	11	46
丹波市	645	305	-	78	85	100	21	2	10	44
淡路県民局管内	676	235	5	140	114	23	31	13	22	93
洲本市	229	72	3	46	54	3	7	-	9	35
淡路市	204	55	1	56	33	-	17	2	5	35
南あわじ市	243	108	1	38	27	20	7	11	8	23

出典：法務省「在留外国人統計 2013」

資料6　2014年兵庫県の日本人・複数国籍・外国人住民世帯数 − 住民基本台帳より −

市区町村名	世帯数								複数＋外国人世帯数		複数＋外国人世帯率
	日本人住民		複数国籍		外国人住民		合計				
兵庫県	2,395,672	100.0%	18,221	100.0%	46,499	100.0%	2,460,392		64,720	100.0%	2.6%
神戸市	706,693	29.5%	7,332	40.2%	21,172	45.5%	735,197		28,504	44.0%	3.9%
神戸市東灘区	95,374	4.0%	909	5.0%	2,241	4.8%	98,524		3,150	4.9%	3.2%
神戸市灘区	62,830	2.6%	671	3.7%	2,233	4.8%	65,734		2,904	4.5%	4.4%
神戸市兵庫区	58,098	2.4%	649	3.6%	2,450	5.3%	61,197		3,099	4.8%	5.1%
神戸市長田区	49,921	2.1%	901	4.9%	3,559	7.7%	54,381		4,460	6.9%	8.2%
神戸市須磨区	75,736	3.2%	717	3.9%	1,619	3.5%	78,072		2,336	3.6%	3.0%
神戸市垂水区	101,387	4.2%	718	3.9%	1,063	2.3%	103,168		1,781	2.8%	1.7%
神戸市北区	95,534	4.0%	574	3.2%	763	1.6%	96,871		1,337	2.1%	1.4%
神戸市中央区	66,984	2.8%	1,566	8.6%	6,099	13.1%	74,649		7,665	11.8%	10.3%
神戸市西区	100,829	4.2%	627	3.4%	1,145	2.5%	102,601		1,772	2.7%	1.7%
姫路市	221,562	9.2%	1,784	9.8%	4,482	9.6%	227,828		6,266	9.7%	2.8%
尼崎市	218,027	9.1%	1,860	10.2%	5,566	12.0%	225,453		7,426	11.5%	3.3%
明石市	127,630	5.3%	763	4.2%	1,233	2.7%	129,626		1,996	3.1%	1.5%
西宮市	209,995	8.8%	1,464	8.0%	2,960	6.4%	214,419		4,424	6.8%	2.1%
洲本市	19,855	0.8%	88	0.5%	107	0.2%	20,050		195	0.3%	1.0%
芦屋市	42,994	1.8%	389	2.1%	625	1.3%	44,008		1,014	1.6%	2.3%
伊丹市	84,138	3.5%	610	3.3%	1,284	2.8%	86,032		1,894	2.9%	2.2%
相生市	13,053	0.5%	49	0.3%	182	0.4%	13,284		231	0.4%	1.7%
豊岡市	32,228	1.3%	164	0.9%	295	0.6%	32,687		459	0.7%	1.4%
加古川市	109,142	4.6%	624	3.4%	990	2.1%	110,756		1,614	2.5%	1.5%
赤穂市	19,954	0.8%	83	0.5%	154	0.3%	20,191		237	0.4%	1.2%
西脇市	16,393	0.7%	95	0.5%	193	0.4%	16,681		288	0.4%	1.7%
宝塚市	98,596	4.1%	642	3.5%	1,320	2.8%	100,558		1,962	3.0%	2.0%
三木市	31,834	1.3%	154	0.8%	553	1.2%	32,541		707	1.1%	2.2%
高砂市	38,082	1.6%	237	1.3%	406	0.9%	38,725		643	1.0%	1.7%
川西市	67,344	2.8%	371	2.0%	482	1.0%	68,197		853	1.3%	1.3%
小野市	18,707	0.8%	77	0.4%	348	0.7%	19,132		425	0.7%	2.2%
三田市	43,459	1.8%	228	1.3%	681	1.5%	44,368		909	1.4%	2.0%
加西市	16,525	0.7%	80	0.4%	502	1.1%	17,107		582	0.9%	3.4%
篠山市	16,482	0.7%	120	0.7%	271	0.6%	16,873		391	0.6%	2.3%
養父市	9,626	0.4%	61	0.3%	29	0.1%	9,716		90	0.1%	0.9%
丹波市	24,643	1.0%	128	0.7%	387	0.8%	25,158		515	0.8%	2.0%
南あわじ市	18,754	0.8%	57	0.3%	140	0.3%	18,951		197	0.3%	1.0%

市区町村名	世帯数								複数＋外国人世帯数		複数＋外国人世帯率
	日本人住民		複数国籍		外国人住民		合計				
朝来市	12,143	0.5%	68	0.4%	102	0.2%	12,313		170	0.3%	1.4%
淡路市	19,668	0.8%	76	0.4%	104	0.2%	19,848		180	0.3%	0.9%
宍粟市	14,412	0.6%	43	0.2%	123	0.3%	14,578		166	0.3%	1.1%
加東市	14,756	0.6%	81	0.4%	354	0.8%	15,191		435	0.7%	2.9%
たつの市	29,396	1.2%	103	0.6%	215	0.5%	29,714		318	0.5%	1.1%
川辺郡	11,890	0.5%	54	0.3%	61	0.1%	12,005		115	0.2%	1.0%
川辺郡猪名川町	11,890	0.5%	54	0.3%	61	0.1%	12,005		115	0.2%	1.0%
多可郡	7,402	0.3%	22	0.1%	114	0.2%	7,538		136	0.2%	1.8%
多可郡多可町	7,402	0.3%	22	0.1%	114	0.2%	7,538		136	0.2%	1.8%
加古郡	25,769	1.1%	103	0.6%	378	0.8%	26,250		481	0.7%	1.8%
加古郡稲美町	11,760	0.5%	37	0.2%	160	0.3%	11,957		197	0.3%	1.6%
加古郡播磨町	14,009	0.6%	66	0.4%	218	0.5%	14,293		284	0.4%	2.0%
神崎郡	15,873	0.7%	58	0.3%	335	0.7%	16,266		393	0.6%	2.4%
神崎郡市川町	4,783	0.2%	18	0.1%	55	0.1%	4,856		73	0.1%	1.5%
神崎郡福崎町	6,983	0.3%	26	0.1%	272	0.6%	7,281		298	0.5%	4.1%
神崎郡神河町	4,107	0.2%	14	0.1%	8	0.0%	4,129		22	0.0%	0.5%
揖保郡	12,796	0.5%	69	0.4%	100	0.2%	12,965		169	0.3%	1.3%
揖保郡太子町	12,796	0.5%	69	0.4%	100	0.2%	12,965		169	0.3%	1.3%
赤穂郡	6,434	0.3%	19	0.1%	43	0.1%	6,496		62	0.1%	1.0%
赤穂郡上郡町	6,434	0.3%	19	0.1%	43	0.1%	6,496		62	0.1%	1.0%
佐用郡	6,976	0.3%	10	0.1%	75	0.2%	7,061		85	0.1%	1.2%
佐用郡佐用町	6,976	0.3%	10	0.1%	75	0.2%	7,061		85	0.1%	1.2%
美方郡	12,441	0.5%	55	0.3%	133	0.3%	12,629		188	0.3%	1.5%
美方郡香美町	6,688	0.3%	38	0.2%	60	0.1%	6,786		98	0.2%	1.4%
美方郡新温泉町	5,753	0.2%	17	0.1%	73	0.2%	5,843		90	0.1%	1.5%

＊総務省ＨＰ「住民基本台帳に基づく人口、人口動態及び世帯数（平成26年1月1日現在)」より、辻本が編集したものである。データは2013（平成25）年1月1日から同年12月31日のもの。「複数＋外国人世帯率」とは、全世帯数での割合である（複数＋外国人世帯率／世帯数合計）

＊「複数国籍世帯」とは「2009年7月公布　2013年7月施行された住民基本台帳法の法改正により作成された外国人と日本人で構成する一の世帯である」（総務省HPより）

資料7　関係年表

	国連・政府関係・日本全体状況　　■教育関係	地方自治体関係　　■教育関係★兵庫県関係
～1919		■★1899年5月「神戸中華同文学校」創立（現、幼・小・中）■★1909年「神戸ドイツ学院」創立（現、小）、1913年2月「カナディアンアカデミー」創立（現、幼・小・中・高）
1920～44	★1928年「国立移民収容所」設置（外務省管轄、32年「神戸移住収容所」と改称、41年閉鎖）	
1945(S20)	■9月～母国語を話せない日本育ちの朝鮮人青少年のため国語（朝鮮語）教習所が日本各地につくられる（学校数500以上、生徒数4万人以上）	■★「西神戸朝鮮初級学校」ほか県内に朝鮮学校創設（56校、7400人）
1946	11月日本国憲法公布	■★3月「聖ミカエル国際学」校創設（幼・小）■3月建国学園（大阪市）の前進設立■4月金剛学園（大阪市）の前進開校
1947	■3月「教育基本法」「学校教育法」の施行、5月「外国人登録令」実施・「日本国憲法」施行 12月「世界人権宣言」第3回国連総会で採択	
1948	■1月文部省通達（公立学校の校舎借用の朝鮮人学校の明け渡し、第1次閉鎖令） ■3月朝鮮学校閉鎖令（1.24通達に従わせる） 4月大韓民国政府樹立・9月朝鮮民主主義人民共和国政府樹立 ■5月文部省通達（朝鮮人学校の私立学校申請は条件付きで認める）	■★4月岡山、兵庫、大阪の知事が韓国・朝鮮学校に閉鎖命令 ■★4/24～4/26阪神教育事件（闘争）発生、・県庁周辺で1万人集会。占領軍、非常事態宣言発表。1973人逮捕。
1949	■10月文部省通達（朝鮮人学校の閉鎖決定、閉鎖令） ■11月文部省通達（公立学校での朝鮮人に対する民族教育を禁止）■11月文部省通達「朝鮮人私立各種学校の設置認可について」 12月「外国人登録令」改定（登録証常時携帯義務、切替制度導入）	■★4/18「神戸朝鮮高級学校」創立、県内の朝鮮学校20校（4800人）となる■★「ルーテル国際学園ノルウェー学校」創立（現、小・中、2005年9月廃園決定）
1950	6月朝鮮戦争勃発（～53年） 10月大村収容所（長崎県）、朝鮮戦争の避難民を収容、強制送還	■★兵庫県・兵庫県教育委員会が朝鮮人代表と覚書（朝鮮人学校閉鎖に伴い、伊丹北中学校等4校に民族学級、尼崎市立西小学校等8校に公立学校朝鮮人分校の設置、県費朝鮮人講師派遣）
1951	7月国連、「難民条約」採決 9月「サンフランシスコ平和条約」調印（49か国）・「日米安全保障条約」調印 10月「出入国管理令」公布（11月施行）	■★9月「マリスト国際学校」創立（現、幼・小・中・高）
1952	4月「平和条約」発効・日本独立、「外国人登録法」公布、★「神戸移民斡旋所」が再開（64年「神戸移住センター」と改称、71年閉所）、戦後初の南米移民の渡航が始まる。当初外国船、12月より「さんとす丸」神戸港出港	
1953	文部省通達「朝鮮人の義務教育諸学校への就学について」：日本国籍喪失によって、一般外国人扱いのため就学義務なし。公立学校入学の場合は国内法遵守の「誓約書」提出を義務化。誓約書は1966年1月17日の「日韓法的地位協定」発効まで続く） 7月朝鮮半島の休戦条約（米・中・朝が調印、韓国は不調印）	■5月京都府が京都朝鮮学校を各種学校として認可
1954		■4月金剛中学校開校、4/26東京韓国学校創立
1955(S30)	4月「外国人登録法」による指紋押捺開始	■東京都、東京朝鮮学園を準学校法人として認可■4月「朝鮮大学校」創立（東京都）
1958	1月南サハリン抑留朝鮮人の一部帰還	
1959	12月北朝鮮への第1次帰国船が新潟港から出港	■★3月兵庫県、「阪神朝鮮初級学校」を各種学校として認可■★7月兵庫県、「神戸中華同文学校」を学校法人として認可
1963	■5月～朝鮮学校高校生に対する集団暴行事件頻発	■★兵庫県、「兵庫朝鮮学園」を準学校法人として認可
1964	10月東京オリンピック開催	
1965(S40)	2月アメリカ北爆開始（68年10月北爆全面停止） ★6月最後の南米移民船、神戸港出港 6月「日韓基本条約」「在日韓国人の法的地位協定」調印「協定永住」の新設・12月「日韓条約」批准、日韓国交樹立 ■8月「同和対策審議会」答申提出 ■12月文部省通達（朝鮮人学校の各種学校認可を否定、朝鮮人の公立学校希望者に入学許可、日本人と同様に扱う）	
1966	1月「日韓条約」発効、「協定永住」申請開始	
1967	10月北朝鮮への最後の帰国船、新潟港を出港	
1968	■大学闘争が激化 4月「小笠原諸島返還協定」調印	■4月東京都、「朝鮮大学校」を各種学校として認可
1969		■★兵庫県で在日韓国朝鮮人高校生の「一斉糾弾」が始まる（高校で在日朝鮮人サークル作りが始まる）
1970	国民健康保険条例化運動が起こる（外国籍者の取得） 12月日立製作所の民族差別解雇への提訴（～74年6/19勝訴）	■4月大阪市「外国人教育指針」を発表 ■12月東京都、朝鮮学校に助成金開始（全国初、各地に拡大）

－ 90 －

	国連・政府関係・日本全体状況　■教育関係	地方自治体関係　■教育関係★兵庫県関係
1971		★兵庫・広島県で高校生就職差別撤廃のための「統一応募用紙」使用が決まる
1972	5月「沖縄施政政権」返還　7月南北共同声明　9月日中共同声明	4月大阪市で初の外国籍（在日中国人）保母が採用　■大阪市外国人教育研究協議会発足■大阪市内で「ボランティア民族学級」開設・川崎市、全外国人に国民健康保険適用
1973	中国帰国者の国費帰国開始	★全国で初めて、阪神間（7市1町）の自治体が事務職の国籍条項撤廃（尼崎市3人、川西市1人、西宮市1人の外国籍公務員誕生）■★県立湊川高校に朝鮮人教員（助手）が赴任し、朝鮮語授業が始まる
1974	在日外国人への公営住宅入居・児童手当等の要求運動が広がる	■大阪市で外国籍教員が初の誕生　★阪神間でも公営住宅入居、児童手当等の要求運動が活発化する■★阪神間の大手企業の在日朝鮮人生徒への就職差別撤廃運動が拡がる
1975 (S50)	■4月日本育英会（現、学生支援機構）奨学金の国籍条項撤廃 12月差別図書『部落地名総鑑』が発覚 4月ベトナム戦争終了（サイゴン陥落）、5/12日本に初めてボートピープル（インドシナ難民）上陸	大阪府、大阪市、川崎市で市営住宅入居の国籍条項撤廃。川崎市、児童手当を外国人へ支給 ■島根県、全国初で朝鮮学校を各種学校に認可する ★神戸垂水区に中国帰国者が居住を始める　■★市立伊丹北中学校の朝鮮人講師が解雇（26年間の朝鮮人学級閉鎖。以降、裁判）
1976	■文部省「中国引揚子女教育協力校」指定（～2000年、最大時50校）	■東京都、外国籍教員を採用（2名） ★西宮・芦屋・伊丹市の市営住宅入居の国籍条項撤廃
1977	8月戦後初の韓国籍司法修習生の誕生 ■9月電電公社（現、NTT）職員の国籍条項撤廃（高校生採用）■文部省「日本の学校（中国語版上下）」（中国帰国児童生徒の適応のための補助教材）作成	■大阪府八尾市の小学校で民族学級設置される
1978	4月「一時滞在」難民に対して初めて「定住許可」 5月「国際人権規約」署名、8月「日中平和友好条約」調印 ■10月文科省通知（高等学校等への帰国子女等に対する入学・編入学機会の拡大を図る措置を講じる）	
1979	1月「国際人権規約（社会権規約）」批准・9/21発効　5月「合法出国に関する了解覚書（ODP）」によりベトナム人難民家族呼寄せが可能（～2004年3月末終了） 4月公営住宅入居資格、住宅金融公庫（現、住宅金融支援機構）の国籍条項撤廃 6月内閣官房「インドシナ難民対策連絡調整会議」設置	■4月三重県が外国籍教員採用、8月大阪府八尾市が一般事務職と技術職の国籍条項撤廃■復帰後の沖縄で、「無国籍児」が約80人を越える（96年には882人） ■9月埼玉県上福岡市の在日韓国人中学生がいじめと民族的偏見を苦に自殺 ■★姫路市立砥堀小学校にベトナム人児童7人編入学
1980	女性労働者（「じゃぱゆきさん」）、アジアからの外国人労働者増加 外国人登録の大量切り替え期間。「外国人登録法」改正 ■2月神奈川県に難民の「大和定住促進センター」開設 6月インドシナ難民の「合法出国計画（ODP）」を閣議了解（家族再会を目的とする定住受け入れ） ■★12月兵庫県に「インドシナ難民姫路定住促進センター」開設	■★神戸市立神陵台小学校に中国帰国者の子どもが初めて入学（86年に日本語教室設置、専任教員配置） 4月大阪府下全自治体の一般事務職の国籍条項撤廃★6月加古川市と姫路市が一般事務職の国籍条項撤廃 ■9月豊中市が全国初の「在日外国人教育基本方針」を策定
1981	1月国連「難民条約」批准（翌年1月発効）・「入管法」・改定「研修」ビザ新設 ■7月国体選手の国籍条項が「1条校」高校生のみ撤廃	■4月滋賀県が教員の国籍条項撤廃■★兵庫県・神戸市も教員の国籍条項撤廃★三木市も職員採用の国籍条項撤廃
1982	1月「特例永住」新設、国民年金と児童手当諸法の国籍条項撤廃 ■2月「大村難民レセプションセンター」開設 8月外国人登録法一部改定（期間3年→5年、年齢14歳→16歳）・入管法改定「就学」ビザ新設	■愛知県・名古屋市が教員採用の国籍条項撤廃■明石市内で中国帰国者が自殺　★神戸市垂水区で中国帰国者一家が日本への不適応で乱れる二男を殺害事件
1983	■4月東京都に難民の「国際救援センター」開所 ■4月文部省「帰国子女教育受け入れ推進地域施策」実施 ■文化庁「中国からの帰国者のための生活日本語 I 」発行 8月政府「留学生10万人受入計画」発表、インドシナ難民の定住枠を3千人から5千人に拡大 9月弁理士、国公立大学教員の国籍条項撤廃 国際結婚、年間1万人を突破（内、67％が妻外国人）	
1984	2月厚生省「中国帰国孤児定着促進センター」開設（埼玉県所沢市、94年中国帰国者定着促進センターに改称）・5月厚生省「日本語指導の手引作成・7月総務省「帰国孤児援護体制の不備」を行政官査察 4月NHK、「ハングル講座」開始 5月郵政省が外務職員の国籍条項撤廃 ■7月文部省「公立高校の入学者選抜（帰国子女の受け入れ枠・特別選考の実施等）」通知 10月日弁連、中国残留邦人に関する人権侵害を決議	★三木市が一般事務職、神戸市が初めて現業職（運転手）・専門職一部の国籍条項撤廃 ■12月長野県が在日韓国人の教員合格を国籍理由に取り消す（翌年3月「常勤講師」として採用）
1985 (S60)	6月「女性差別撤廃条約」批准・「改正国籍法」（施行1月1日、父系主義から父母両系主義、外国人登録数が減少）／インドシナ難民定住枠拡大の閣議決定（5千人→1万人）	■東京弁護士会、東京都知事に要望書提出（帰国孤児子弟の高校入学特別措置）■大阪市、教育センターに「日本語適応指導教室」を設置■★8月西宮で在日韓国人高校生が自殺

	国連・政府関係・日本全体状況　■教育関係	地方自治体関係　■教育関係★兵庫県関係
1985 (S60)	3月厚生省「身元引受人制度」創設・4月厚生省中国帰国者の定住に向け「対策室」新設 全国的に指紋押なつ制度拒否運動が高まる。指紋制度の提訴運動も起こる	山形県朝日村、行政主導型の国際結婚の推進(農村の自治体で「外国人花嫁」の仲介増加) 日野市、都内初に職員採用の国籍条項を撤廃
1986	2月厚生省「中国引揚げ子女」全国生活実態調査実施 自治省が看護専門職(保健婦・助産婦・看護婦)の国籍条項撤廃・国民健康保険を1年以上在留の全外国人に適用 法務省、定住外国人の意識調査、定住インドシナ難民実態調査を実施 ■文部省「帰国子女教育の手引き(引揚子女関係)」作成・「中国帰国孤児子女教育指導協力者派遣」事業開始	★小野市、豊岡市、明石市で一般事務職の国籍条項撤廃(県内21市は神戸市を除きすべて撤廃) ■奈良県「外国人教育基本指針」策定■川崎市「在日外国人教育基本方針―主として韓国朝鮮人教育」策定 ■横浜市教委「帰国・外国人児童生徒特別指導・日本語教室」開設 ■4月東京都、都立高校で中国帰国者の受け入れ開始・都立高校に特別学級設置
1987	■11月国立大学協会が国立大学の「中国引揚者等子女特別選抜」実施を発表。■臨時審最終答申「日本語教育の充実等」 「第1回日本語能力検定試験」実施 「外国人登録法」改正(手帳からカード式に、指紋押なつを原則1回とする)、地裁、帰化韓国人の復姓(民族名)を許可	■★芦屋市が民族学校生徒に奨学金申請資格を認める(全国初) ■★芦屋市が外国籍家庭への「就学案内」を実施(県内は、尼崎・三田を除き最初)■広島県「在日外国人教育基本指針」策定 河合町、奈良県内で初めて韓国籍青年を採用 ■大阪府内で、中国帰国の子どもが急増する
1988	内閣府「外国人の入国と在留に関する世論調査」実施 8月ソウルオリンピック開催、日系人労働者増加に伴い、外国人のための日本語教室が各地で増加 ■10月8日「学校教育法施行規則の一部改正(高校における帰国子女編入学の機会の拡大)」(事務次官通達)	神奈川県、在住インドシナ難民実態調査実施 ■大阪府「在日外国人教育基本指針」策定、■★宝塚市「在日外国人教育(特に在日韓国朝鮮人の子どもの教育)についての指導内容」作成■★高砂市「在日外国人教育基本指針」発表 ■新宿区、外国人児童生徒向け「フレンド教室」開設(翌年、「日本語適応教室」開設) 東京都が初めて保健婦に韓国籍女性を採用■★兵庫県が公立学校小中学校事務職の国籍条項撤廃
1989 (S64・ H1)	自治省、「地域国際交流推進大綱の策定に関する指針について」を通達し、海外との姉妹交流、外国青年招致事業(JET)等国際交流の充実を指示。 ■文部省「外国人教育に関するプロジェクトチーム」発足。日本語教育の必要な児童生徒の初調査開始(5,463人)■「外国人子女教育研究指定校」指定■日本語指導教員加配へ 国際結婚、年間2万件突破(全体の3.2%)、内78%が妻外国人 ■NHK全国学校音楽コンクールに朝鮮学校の参加を認める 「入管法」改正、日系2世・3世「定住資格」新設日系人急増	■奈良県「帰国生徒の高校入学特別措置」実施 ■大阪府「日本語指導の必要な生徒の高校入学の特別措置、時間延長(1.3倍)」、府内9校に「海外帰国生徒選抜」 ★4月神戸市長田区で「長田マダン」開催(2003年終了) ■中国帰国者2世の少年暴走族(怒羅権)事件(「浦安事件」) ★芦屋市等3市「外国語版母子手帳」作成(英、中、ハングル)
1990	東西ドイツ統一・ソビエト連邦崩壊・国連総会「移住労働者とその家族に関する権利保護に関する国際条約」採択(日本は未批准) 外国人登録者100万人を突破■「国体」出場選手の大学生の部、国籍条項撤廃 ■文部省「日本語教材先生おはようございます(中国帰国児童生徒対象)」作成■財団法人「日本語教育振興協会」設立、12ヶ国語で初の国勢調査実施	■神奈川県「在日外国人教育基本指針」策定■京都市「外国人教育基本方針」策定■★加古川市「在日韓国・朝鮮人(在日外国人)児童・生徒に関する教育の指針について」発表 「奈良県外国人教育研究会(奈良県外教)」発足 ★4月「兵庫県国際交流協会」設立 ■神奈川県愛川町、群馬県大泉町等の学校で日本語指導教室開設
1991	1月韓国大統領来日、「日韓覚書」発表、「出入国管理特例法」施行(特別永住権を新設)、従軍慰安婦などの「戦後補償」がマスコミでよく取り上げられる■1月文部省通達「公立学校で課外の韓国語等の実施」「外国籍受験者を「常勤講師(教員)」として正規採用を認める」「就学案内の発給」 ■文部省「日本語指導が必要な外国人児童生徒数調査」開始 ■3月高校野球連盟、外国人学校の正式加盟を認める 9月韓国・共和国(南北)が国連同時加盟	★5月兵庫県内町村会が一般事務職員★西宮市、伊丹市で「消防職」の国籍条項撤廃(阪神間全市町の消防職国籍条項が撤廃) ■★播磨町「在日外国人(在日韓国・朝鮮人等)について」策定 ・神奈川県内の指定都市を除く全市町村で職員採用の国籍条項撤廃 ★3月「ふれあい芦屋マダン」開催(毎年3月)★8月「尼崎民族祭り」開催(2009年終了)★■8月西宮市民族子ども会(コッキリの会)創設 ■神戸市「在日外国人全家庭に就学案内」発送・「在日外国人児童生徒に関わる指導について(指導資料)」作成★神戸市「国際化推進懇話会」設置
1992	外国人登録者数で、「非永住者」が過半数に達する ■文部省、外国人生徒指導加配制度を発足■文部省日本語基礎学習教材「日本語をまなぼう(初期指導教材)」発行■文部省「日本語教育の必要な子ども1万450人」調査発表 ■無国籍児の増加が社会問題になる	■大阪市「小中学校66校に民族学級」実施 ■3月京都市「外国人教育基本方針」策定 大阪府「国際化指針基本指針」策定・「在日外国人問題有識者会議」設置■大阪府在日外国人教育研究協議会(「府外教」)設立 ■★伊丹市等5市で「公民館日本語教室」開催■豊橋市「日本語指導教員」加配■静岡県「外国語による専門相談員を学校に配置」■川崎市「公立学校の外国人児童・生徒対象に日本語教育」開始■東京都「公立中学校にアシスタント通訳の人材バンク制度」開始
1993	「外国人登録法」改正(永住者の指紋押なつ廃止、替わりに署名、家族欄追加) ■2月文部省「高等学校の入学者選抜について(通知)」(海外帰国生の転編入は柔軟に取り扱う)■文部省「日本語をまなぼう2(小4までの算・理・社の学習教材」作成■文部省「外国人子女等日本語指導講習会」「外国人子女教育教育担当指導主事研究協議会」開催	■★兵庫県「外国人学校への教育振興費」補助 ■★4月神戸市で初の外国籍教員の誕生

資　料

	国連・政府関係・日本全体状況　■教育関係	地方自治体関係　■教育関係★兵庫県関係
1993	■8月文部省通知「帰国子女教育の充実方策について」(「帰国子女教育の現状と施策」と「中国帰国孤児子女教育の現状と施策」) 5月：厚生労働省「外国人労働者の雇用・労働条件に関する指針」作成(96年4月、99年4月、99年12月改定) 定住外国人の地方参政権要請運動活発化、「自治体決議」増える ■無国籍児の増加が社会問題になる ■全国高校体育連盟、特例として外国人学校生のインターハイ出場を認める	■★4月宝塚市「在日外国人教育指針」策定 ■★9月伊丹市「日本語適応指導員派遣制度」策定 ■★11月兵庫県高等学校教育研究会に「在日外国人教育部会」発足
1994	■2月JR、朝鮮人学校学生にも通学定期の学割を適用 4月「中国残留邦人等の円滑な帰国の促進および永住帰国後の自立の支援に関する法律」(「残留邦人支援法」)成立 ■文化庁「地域日本語教育事業」開始(～2000年) ■5月「子どもの権利条約」批准 ■日本保育協会調査、外国籍園児が1万人を超す ■夜間中学、中国帰国者や日系人が増加し、38年ぶりに生徒数3,000人を突破 ■12月国連、「人権教育のための10年」採択 ■文科省「外国人子女等指導協力者派遣(母語対応)」事業開始 ■朝鮮学校生徒への嫌がらせ・暴行多発	★3月兵庫県「地域国際化推進基本指針」策定、「地域国際化懇話会」「外国人県民インフォメーションセンター」設置、「ひょうごリビングガイド(5言語)」作成「外国人県民」呼称開始、「医療機関に対する補填制度」創設★神戸市「神戸在住外国人問題懇話会」発足 ■★西宮市等10市町「公民館日本語講座」開始■★西宮市等3市町で日本語教育指導者養成講座開始 ■★8月三田市で、在日韓国人高校生宅に嫌がらせ差別電話が続く ■★川西市「在日外国人教育基本指針」制定■★伊丹市「在日外国人教育基本方針」制定 大阪市「外国籍住民施策有識者会議」設置・10月川崎市「外国人市民代表者会議」設置
1995	■2月阪神淡路大震災の被災外国人学校に災害法を適用 ■文科省「ようこそ日本の学校へ(指導資料集)」作成 ■文部省「日本語指導カリキュラムガイドライン」作成 ■全国高等学校体育連盟、高校総体への朝鮮高級学校の参加を認める 厚生省、中国帰国者定着センターを3箇所増設(仙台、岐阜、広島、98年閉鎖) ■12月「人権教育のための国連10年政府推進本部」設置・12月「人種差別撤廃条約」批准(発効96年1月) 自治省「自治体国際協力推進大綱の策定に関する指針」策定し、各自治体に大綱策定を指示 ■日系ブラジル人向け中・高校生対象の通信教育「セテバン」開始、ブラジルで単位が認定される通信制学校「アングロアメリカーノ」が浜松に開校	★1月阪神淡路大震災 ■★神戸市長田区で在日韓国朝鮮人の「オリニソダン」開催 ★1月「外国人地震情報センター」開設 ★2月兵庫県「外国人県民復興会議」開催 ★「外国人救援ネット」開設 ■★7月「外国人学校協議会」設立 ■★12月「兵庫県在日外国人教育研究協議会(兵庫県外教)設立準備会」発足 高知県知事、職員採用の国籍条項撤廃を表明
1996	1月「人種差別撤廃条約」発効(批准は、1995年12月) ■3月日本中学校体育連盟、次年度より外国人学校の参加を認める ■7月中央教育審議会第一次答申(外国人の子どもの受け入れ拠点校の配置等の必要)	★1月伊丹市「内なる国際化推進基本指針」策定 ■★3月三田市「在住外国人教育基本方針」策定 5月川崎市政令指定都市として全国初に一般職の国籍条項を撤廃・「川崎市外国人市民代表者会議」設置★神戸市、消防職を除き全職種で撤廃 ■大阪府「総合学科入試配慮で小論文検査の母語使用を許可」 ★「姫路定住センター」閉鎖(16年3ヵ月間)。難民事業本部関西支部が神戸市内に設置。 ★11月「伊丹マダン」開催(伊丹市と市民で共催) ★兵庫県神戸市長田区「FMわぃわぃ」正式に開局、「外国人地震情報センター」が「多文化共生センター」に改称 ★兵庫県NPO団体、外国人への健康診断の実施 ■★12月兵庫県内で、少年サッカー登録で国籍条項が判明(以降、撤廃)
1997	■総務庁行政監査局「外国人子女及び帰国子女の就学に関する行政監査報告をまとめ、指導体制不備を文部省に勧告」 3月「人権擁護施策推進法」施行 ■政府人権教育のための国連10年推進本部「国内行動計画」発表。 ■7月「アイヌ新法」施行 ■12月25日「高等学校における転入学等の受け入れの一層の改善について(初等教育局長通知)」 「国体」出場選手の社会人部の国籍条項撤廃	■★2月産経新聞「外国籍生徒の公立高入試自治体対応にバラつき」報道■★神戸新聞「県内の日本名使う在日外国人、韓国朝鮮籍は90%」報道 ■★3月神戸市の私立幼稚園で「内定取り消し民族差別事件」発覚 ■★4月兵庫県在日外国人教育研究協議会設立■★「兵庫県外国人学校協議会」設立、県に要望書提出 4月高知県、4月神奈川県・横浜市、5月大阪市の職員採用「国籍条項」撤廃 ■5月滋賀県「在日外国人教育基本指針」策定■5月広島県「在日外国人教育基本指針」を「方針」に改訂■大阪市「手引き書本名指導をすすめるために」作成 ■★8月兵庫県、公立高校の海外修学旅行を許可 ■10月愛知県小牧市で日系ブラジル人少年が日本人に暴行されて死亡 ■川西市「在日外国人教育の指導の手引き」作成
1998 (H10)	■文部省「日本語教育の指導態勢強化」指示 ■中学校国語の検定教科書に「中国帰国者」が教材として登場 ■文部省「外国人子女教育受入推進市域」指定 ■2月日弁連、首相らに是正勧告(朝鮮学校生に大学受験の門戸開放) ■11月朝日新聞「14人に1人が親が外国人」報道	神奈川県「外国籍県民会議」発足・大阪市「外国籍住民施策」制定■大阪府「職員採用、全職種で国籍条項撤廃」 ■★3月兵庫県「人権教育基本方針」策定・「外国人県民生活実態調査」実施■沖縄県に母親による「アメラジアンスクール・イン・オキナワ」開設■★4月兵庫県公立高校3校で朝鮮語を開講■★7月西宮市「外国人市民施策基本方針」策定 ■★11月兵庫県私学振興議員連盟「外国人学校卒業生の県立大学受検資格を」要望書提出 ■★兵庫県立高校の海外修学旅行開始

	国連・政府関係・日本全体状況　　■教育関係	地方自治体関係　　■教育関係★兵庫県関係
1998 (H10)	■国連、「子どもの権利条約」審査委員会で在日朝鮮人教育差別問題の集中審議 「世界人権宣言」50周年	■★神戸市「在日外国人児童生徒にかかわる指導の手引き」改訂版作成■大阪府「在日韓国朝鮮人教育指針」改訂 ■奈良市「外国人教育指針」発表■奈良県「高校入試の特例入試枠」拡大■★姫路市「ポルトガル語の生活相談」開始 ■大阪市保育所連合会「外国籍の子どもは7割に在籍」報告 ★12月神戸長田区で「神戸オリニソダン」開催（毎年12月）
1999	自治体国際化協会、「共生のまちづくり懇談会」を開催し、外国人等固有のニーズを持つ地域住民に配慮したまちづくりと具体的システム整備の必要性を強調 3月入管法「不法在留」罪の新設・指紋押捺制度の廃止 ■7月文科省「朝鮮学校卒業生にも「大検」の受検資格を認める」 ■文部省「外国人子女教育等相談員派遣」事業開始 ■6月毎日新聞「帰国者・外国人の公立高校受検対応バラバラ」報道	■1月福岡県「学校教育における在日外国人の人権に関する指導上の指針」策定■3月三重県「人権施策基本方針」「人権教育基本方針」策定■3月大阪府「人権教育基本方針・人権教育推進プラン」策定■5月大阪市「人権行政基本方針」策定 ■★3月兵庫県教育委員会通知「県立高等学校における転入学等」（編入考査の実施時期は可能な限り多く、定員の2.5％に欠員数を加えた範囲内で許可） ■★12月兵庫県「外国人児童生徒指導補助員派遣事業」開始 ★兵庫県「地域国際化推進基本指針フォローアップ方策」作成・「外国人県民共生会議」開催 静岡地裁、宝石店側に賠償金支払い判決（ブラジル人女性への入店拒否差別行為） ★10月「戦時下の神戸港での強制連行を調査する会」結成 ■★西宮市教職員組合学習資料『アンニョハセヨ』（在日コリアンの人権を考える）発行
2000	■4月ブラジル教育省「日本におけるブラジル人学校認可」 9月神戸新聞「中国残留日本人帰国定住後の苦悩、65％が生活保護（厚生省実態調査）」報道 ■12月「人権教育及び人権啓発の推進に関する法律」制定 ■文部省「大学入学資格検定（大検）」改定（外国人学校等の卒業生に受験資格を認める）・「マルチメディア版にほんごをまなぼう」開発	■★兵庫県「兵庫県人権教育及び啓発に関する総合推進指針」策定 ■★兵庫県「高校入試上の特別配慮」許可（時間延長、ルビ打ち） ■★3月神戸市「在日外国人児童生徒に関わる指導について」策定 ■★8月兵庫県「外国人児童生徒にかかわる教育指針」策定・「ニューカマー児童生徒に対する教育関係協議会」設置（2年間） ■大阪府調査「府立高校出身の4年制大学卒業者国籍で就職差別3割以上」
2001	1月日本サッカー協会「在日チーム」の門戸開放 ■3月国連人種差別撤廃委員会「民族学校生の受検資格とチマチョゴリ生暴行事件」勧告 9月米国、同時多発攻撃事件・10月「DV防止法」成立 ■4月文科省「帰国・外国人児童生徒教育研究協議会」開催■「帰国・外国人児童生徒と共に進める教育の国際事業」開始（～2006年） ■4月文化庁「地域日本語教育活動の充実」事業開始	★7月神戸市長田区に「NGOベトナム」事務所開設 11月浜松国際シンポジウム（外国人集住都市公開首長会議）・「地域共生についての宣言」採択 愛知県、岩手県、奈良県で「職員採用」国籍条項撤廃 ■大阪府「中国帰国生徒及び外国人生徒入学者選抜」を2校で実施（定員の5％以内）■大阪市「在日外国人教育基本方針」策定 ■★11月神戸市立定時制高校の在日韓国人生徒が兵庫県代表として生活体験発表会全国大会で発表
2002	■政府「人権教育・啓発に関する基本計画」（人権教育及び人権啓発の推進に関する法律）策定■6月国立大学協会通知「海外帰国生徒対象の入試の特別選抜の国籍条項の撤廃」 難民申請数の増加 ■9月京都大学「外国人学校卒業生に受検資格開放」	■★5月兵庫県「多言語学校生活ガイダンスCD」「日本語理解が不十分な外国人児童生徒のために」作成・滋賀県「県営住宅入居の際の日本語能力条件を削除」・6月大阪府「在日外国人の指針策定」 ■★7月神戸で「民族学級」設置を要望■★7月神戸で関西地区シンポジウム「高校進学の壁」開催 ■★9月朝鮮学校生への嫌がらせに対し全国に先駆けの「緊急アピール」知事表明
2003	■4月文科省告示「欧米系国際学校に税優遇制度適用」■文部省「JSLカリキュラム小学校編」作成 ■8月総務省行政評価観察結果通知「外国語による就学ガイドブック等の整備」「外国語による就学援助制度の案内徹底」「通学区域外で且通学が可能な日本語指導体制が整備されている学校への通学を認める」 「移住労働者の権利条約」発効（日本は批准せず）	■3月三重県「外国人等児童生徒の人権に係わる教育指針」策定 ■★4月兵庫県立芦屋国際中等教育学校開校（外国人枠実施） ■★6月大阪府・京都府・兵庫県共同で文科省にアジア系外国人学校に対する国立大学受験資格を付与する要望 ■★10月兵庫県教育委員会「子ども多文化共生センター」開所
2004	5月「入管法」改定（在留資格取り消しと出国命令制度新設） 「国民保険法」に在留資格要件に施行規則を追加 4月日本経済連「外国人受入れ問題に関する提言」発表 ■10月日弁連「人権基本法」提唱（外国人等への差別禁止）	★4月神戸で第1回「ブラジル移民祭」開催■11月鳥取県「人権教育方針―外国人の人権に関する教育―」策定 ■★3月兵庫県立定時制高校専修コース「外国人学校卒業生の受検認めず」（その後受検を認める）★5月兵庫県「獣医師職の国籍要件」撤廃★4月姫路の県営住宅で「ベトナム人の入居制限」発覚
2005	■文科省「不就学外国人児童生徒支援」事業（～2006年） ■文科省「外国人児童生徒のための就学ガイドブック」作成 ■6月総務省「多文化共生の推進に関する研究会」設置、同報告書「地域における多文化共生の推進に向けて」発表	■★兵庫県・国費打ち切りで県費による「子ども多文化共生サポーター」制度■★兵庫県日本語ボランティア連絡会が「進路ガイダンス」開催（2007年より兵庫県教育委員会主催） ■7月滋賀県「外国人児童生徒に関する指導指針」策定
2006	■文科省「帰国・外国人児童生徒教育支援体制モデル」事業実施 ■6月文科省通知「外国人児童生徒教育の充実（外国人の子どもの受入れ柔軟対応）」 ■12月「教育基本法」改訂成立	★9月神戸の「のじぎく国体」開催（開会行事に初めて外国人学校生が出場、永住資格の外国籍選手の門戸開放） ■★4月兵庫県「母語教育支援事業」開始（～2010年） ■★4月兵庫県「外国人児童受入促進事業」開始（～現在）
2007	3月朝日新聞「20組に1組は国際結婚」報道■3月総務省特別交付税に「外国人施策」対象化	★5月神戸のNPO、3カ国語「親子手帳」発行■★6月篠山のNPO法人「学校生活ガイド」策定■★6月芦屋市5か国語で「就学・入園案内」作成

資　料

	国連・政府関係・日本全体状況　■教育関係	地方自治体関係　■教育関係★兵庫県関係
2007	■7月文科省発表「初等中等教育における外国人児童生徒教育の充実のための検討会について」 ■9月文科省「生活環境適応加速プログラム」策定（就学前の初期指導教室の開催他） ■文科省「帰国・外国人児童生徒受け入れ促進事業」（①母語のわかる指導協力者の配置②域内の小中学校に対する巡回指導③バイリンガル相談員等の活用による就学啓発活動） ■「JSL（第2外国語としての日本語）中学校編」「JSLカリキュラム実践支援」事業開始 「改正中国残留邦人支援法」成立（1994年の中国残留邦人等帰国促進、永住帰国後の自立支援法の一部を改正） 11月「入管法」改定（入国時の指紋採取、顔写真撮影義務化） 「雇用対策法」改定（外国人の雇用報告義務化）	■8月京都府「外国人児童生徒に関する指導指針」策定
2008 (H20)	■4月法務省「修学旅行再入国指紋採取免除」決定 ■6月文科省「外国人児童生徒教育推進検討会報告（外国人児童生徒教育の充実方策） 6月法務省発表「外国人登録過去最高更新、中国籍最多」 ■秋のリーマンショック以降、ブラジル人学校等の数が減少	
2009	■1月内閣府に「定住外国人施策推進室」設置 ■文科省「定住外国人の子どもの教育等に関する政策懇談会」発足■「定住外国人の子どもに対する緊急支援―定住外国人子ども緊急支援プラン」作成■不就学の児童生徒を日本の公立学校へ導く「虹の架け橋教室」事業開始 1月内閣府通知「定住外国人支援に関する当面の対策について」 ■3月文科省「定住外国人の子どもに対する緊急支援について」通知 4月内閣府日系定住外国人施策推進会議「定住外国人支援に関する対策の推進について」通知 ■4月文科省通知「海外修学旅行等による再入国外国人生徒の諮問等提供の免除」 ■5月朝日新聞「アイヌ大学進学2割、生活保護高率」報道、6月衆参両院で「アイヌ民族を先住民族と認める決議」採択。ハンセン病基本法成立 9月衆議院本会議「改正入管法」可決（外国人登録法廃止、外国人住民票制度創成、在留カード新設）	■★4月神戸市「外国人学齢期の子ども74人所在不明」発表 6月「旧神戸移住センター」改修「市立海外移住と文化の交流センター」（ブラジル移民に関するミュージアム）として開館
2010	■3月国連人種差別撤廃委員会「高校無償化の対象から朝鮮学校を除外案に懸念」公表 ■5月文科省「定住外国人の子どもの教育等に関する政策懇談会」設置■5月文科省「公立学校、外国人学校の両方で教育環境の整備を促進を明記した基本方針」まとめる 7月在留資格が「留学」一本化（留学と就学）・8月「日系定住外国人施策に関する基本指針」策定（日系定住外国人施策推進会議） 7月入管難民法改正「研修生も労働法の適用」・7月神戸新聞「2009年度外国人研修生27人死亡」報道	■★3月兵庫県「朝鮮学校に県独自の授業料軽減補助金」支給■★6月県国際交流協会「母国語教材」作成 ■★5月神戸市須磨区で在日コリアンの小学生が民族文化を学ぶ「だいちオリニソダン」誕生■★8月神戸市長田区に「朝鮮人学校名記念碑」除幕 ■★7月宝塚市でブラジル人中学生「自宅を放火」■11月群馬県桐生市でフィリピン人母の小学生が自宅で自殺■12月大学が「インド人学生07年自殺原因」公表 ■8月大阪府視聴覚教材「在日外国人教育のための資料集―違いを認め合い共に生きるために」作成 ■12月名古屋地裁「ペルー人家族の強制退去を取消」
2011	3月東日本大震災 3月「日系定住外国人施策に関する行動計画」発表（日系定住外国人施策推進会議） ■3月文科省『外国人児童生徒受入れの手引き』作成■文科省情報検索サイト「カスタネット」公開 ■5月文科省発表「定住外国人の子どもの教育等に関する政策懇談会」の意見を踏まえた文部科学省の政策のポイント、現在の進捗状況について、「入りやすい公立学校」を実現するための3つの政策 12月入管法改定のための関係政省令が公布	★3月神戸市「国際化推進大綱」策定 ■★10月宝塚市NPO法人「外国籍の子どもらに居場所提供、支援拠点」開設 11月福岡高裁「生活保護法は永住外国人も対象」判断
2012	■3月日弁連「外国籍教員昇進是正を勧告」 7月入管法改定（住民票基本法施行・外国人登録法廃止） ■11月総務省「通称名変更は原則として認めず」	★1月県弁護士会「最高裁に外国籍で調停委員就任拒否を不服申し立て」★4月ベトナム難民「姫路定住促進センター」跡地に感謝の記念碑設置
2013 (H25)	5月関西経団連「外国人労働者の入国や定住を支援する外国人庁の設置」提言	■2月香川県綾川町のパキスタン国籍中学生がいじめで大けが ■★4月県外国人教育研究協議会「身近な国の遊び3」を作成 10月京都地裁「朝鮮学校周辺でのヘイトスピーチ違法、人種差別撤廃条約の該当」判決 ■★12月尼崎市の在日韓国人が第33回中学生人権作文コンテストで「日本新聞協会長賞」受賞

辻本久夫「21世紀兵庫の学校デザイン」（2002年）、兵庫在日韓国朝鮮人教育を考える会編集「戦後の在日外国人教育に関しての年表資料」（2008年）、佐藤郡衛「学校教育における多文化共生への取り組みへの課題」（2012年）、草加道常「外国人関連年表」（2014）ほか新聞、各自治体関係情報、市民団体の情報誌等より辻本久夫が作成

「兵庫の外国人の子どもの未来を拓く教育プロジェクト」活動報告

―公益財団法人 日本教育公務員弘済会 2013 年度教育文化活動助成事業―

● 研究会の記録
  ▶ 第 1 回研究会　2014 年 1 月 25 日(土) 9 時〜 12 時　西宮市大学交流センター
  ▶ 第 2 回研究会　2014 年 2 月 15 日(土) 10 時〜 12 時　兵庫県立大学「淡水サロン」、
　　　　　　　　　特別報告「奈良県の特別枠の取り組み」(奈良県外国人教育研究会・谷　敏光)
  ▶ 第 3 回研究会　2014 年 3 月 17 日(月) 10 時〜 12 時、関学上ヶ原キャンパス、
　　　　　　　　　特別報告「大阪の特別枠状況報告」(大阪成蹊大学・鍛治　到)
  ▶ 第 4 回研究会　2014 年 4 月 5 日(土) 9 時〜 12 時　神戸市勤労会館
  ▶ 第 5 回研究会　2014 年 5 月 24 日(土) 9 時〜 12 時　神戸市勤労会館
  ▶ 第 6 回研究会　2014 年 6 月 28 日(土) 9 時〜 12 時　神戸市勤労会館
  ▶ 第 7 回研究会　2014 年 8 月 30 日(土) 9 時〜 12 時　神戸市勤労会館
  ▶ 第 8 回研究会　2014 年 9 月 27 日(土) 9 時〜 12 時　神戸市勤労会館
  ▶ 第 9 回研究会　2014 年 12 月 6 日(土) 9 時〜 12 時　神戸市勤労会館
● 中間報告会の開催
  ▶ 2014 年 7 月 26 日(土) 18 時〜 20 時　西宮市立若竹会館（西宮市教育委員会後援）
　　司会進行　野津隆志（兵庫県立大学教授）
  ▶ 2014 年 8 月 2 日(土) 10 時〜 12 時　新長田勤労市民センター（神戸市教育委員会後援）
　　司会進行　落合知子（神戸大学研究員）
  ▶ 2014 年 11 月 15 日(土) 10 時〜 12 時　イーグレ姫路（姫路市教育委員会後援）
　　司会進行　北山夏季（大阪府立大学等非常勤講師）

---

3 地区での報告会内容

第 1 部　（調査報告、各 15 分）
　① 「次の世代は私たちの希望 - 外国人と日本人の子どもが一緒に築く未来」
　　　　　　　　　　　　　　　　　　　　　　　　井口　泰（関西学院大学教授）
　② 「他府県の取り組みから学ぶ〜外国人生徒に対する入試配慮の現状」
　　　　　　乾　美紀（兵庫県立大学准教授）・小柴裕子（京都西山短期大学講師）
　③ 「兵庫県の外国人生徒の市町別在籍と高校進学の現状」　　辻本久夫（関西学院大学講師）

第 2 部　（学校教員や日本語支援者等参加者との意見交流）

● その他の報告発表等
  ▶ 2014 年 2 月 9 日(日) 13 時〜 17 時　神戸市立だいち小学校
　　第 19 回兵庫県在日外国人教育研究集会分科会にて報告
  ▶ 2014 年 5 月 21 日(月)・6 月 2 日(月)　兵庫県庁
　　県知事公室長・県教育委員会教育次長にプロジェクト設立趣旨説明
  ▶ 2014 年 10 月 4 日(土)　13 時〜 17 時　兵庫県立大学
　　平成 26 年度兵庫県自治学会研究発表大会分科会にて報告
  ▶ 2014 年 10 月 22 日(水) 13:30 〜 15:00　兵庫県議会会議室
　　兵庫県会議員の「超党派有志学習会」で報告
  ▶ 2015 年 2 月 1 日(日) 13 時〜 17 時　宝塚市立良元小学校
　　第 20 回兵庫県在日外国人教育研究集会分科会にて報告予定

執筆者プロフィール（あいうえお順です）

井口　泰（いぐち　やすし）

関西学院大学経済学部教授。移民政策学会会長（2013 年から）、外国人集住都市会議アドバイザー（2003 年から）、関西学院大学少子経済研究センター長（2004 ～ 13）、規制改革会議専門委員（海外人材担当）（2005 ～ 10）、マックス・プランク研究所客員研究員（2001 ～ 2）、リール第一大学客員教授（2000）、主要著書に『世代間利害の経済学』（八千代出版 2011）、『外国人労働者新時代』（ちくま新書 2001）、『国際的な人の移動と労働市場』（日本労働研究機構 1997）ほか。

乾　美紀　（いぬい　みき）

兵庫県立大学環境人間学部准教授。米国での教員時代にラオスからの難民の子どもに出会ってからマイノリティの教育に関心を持つ。現在は、神戸市や姫路市を中心に外国人の子どもの教育支援に関わっている。近年の実践や研究成果は、松尾知明編著（2013）『多文化教育をデザインする - 移民時代のモデル構築』勁草書房、黒沢満編著（2014）『国際共生とは何か―平和で公正な世界へ』東信堂、などに掲載している。

大岡　栄美（おおおか　えみ）

関西学院大学社会学部准教授。専門はカナダにおける移民政策・多文化共生。現在は神戸市、丹波市、三田市など兵庫県下各地域での多文化共生意識の醸成や外国にルーツを持つ子どもの教育支援（オープンキャンパス・夏休み科学実験教室）を実践。こうべ子どもにこにこ会運営委員。著書、「カナダにおける移民政策の再構築―「選ばれる移住先」を目指すコスト削減とリスク管理」『移民政策研究第 4 号』（2012）等。

落合　知子（おちあい　ともこ）

神戸大学大学院国際協力研究科研究員、神戸親和女子大学、関西国際大学、京都産業大学等にて非常勤講師。「外国にルーツを持つ子どもの表現活動」、「母語・継承語学習」について研究。著書『外国人市民のもたらす異文化間リテラシー –NPO と学校、子どもたちの育ちゆく現場から –』（2012 年）

北山　夏季（きたやま　なつき）

甲南女子大学文学部、大阪府立大学工学部非常勤講師。ベトナム語学、社会言語学。日本に住むベトナム系の子どもたちを対象とした母語教室について研究と実践を行っている。『Tieng Viet vui（楽しいベトナム語）』共著（2007）、「公立学校におけるベトナム語母語教室の意義について – 保護者の取り込みと児童への影響 –』『人間環境学研究第 10 巻 1 号』（2012）、等の著書がある。

小柴　裕子（こしば　ゆうこ）

京都西山短期大学、東京福祉大学非常勤講師。中国の東華大学、常熟理工大学等で外国人専任講師として日本語教育に携わる。中国国内日本語教科書「桜にほんご」シリーズ 1 ～ 8（2007 年）共著。「日语教学研究论丛」（2009 年）共著など。

辻本　久夫（つじもと　ひさお）

兵庫県立高校教員を経て関西学院大学非常勤講師。同大学人権教育研究室研究員、ひょうご部落解放・

人権研究所研究員。「外国人教育」を研究。元兵庫県在日外国人教育研究協議会事務局長。地域活動「ふれあい芦屋マダン」「こくさいひろば芦屋（日本語教室）」に参加。著書『親と子がみた在日韓国朝鮮人白書』（1994 年共著）、『21 世紀兵庫の学校デザイン』（2002 年共著）など。

野崎　志帆　（のざき　しほ）

甲南女子大学文学部多文化コミュニケーション学科准教授。専門は人権教育、多文化教育、イギリスの市民性教育。世界人権問題研究センター（京都）嘱託研究員。特定非営利活動法人・神戸定住外国人支援センター理事。定住外国人子ども奨学金実行委員長。松尾知明編著（2013）『多文化教育をデザインする〜移民時代のモデル構築』勁草書房「第 3 章『学力保障』と『多様性』〜新労働党政権下のイギリスの学校における多文化教育」など。

野津　隆志　（のつ　たかし）

兵庫県立大学経済学部教授。著書『アメリカの教育支援ネットワーク』（2007 年）、『タイにおける外国人児童の教育と人権』（2014 年）など。

山中　浩路　（やまなか　ひろみち）

2014 年度兵庫県教職員組合執行委員　教育文化部長

ロニー・アレキサンダー

神戸大学大学院国際協力研究科教授。ポーポキ・ピース・プロジェクト代表。専門：国際関係論、平和学。平和研究・教育・活動のテーマ：どのようにすればすべての生き物が安全で安心して暮らせるか。キーワード：ジェンダー、非暴力、太平洋島嶼国。業績は多数の学術論文以外にも、絵本『ポーポキ、平和って、なに色？』（エピック　2007 年）、ほか。

オブザーバー
金山　成美（かなやま　なみ）

神戸新聞記者

協力者
金川　香雪（かながわ　かゆき）

1995 年 4 月に日本語指導担当教員としてベトナム人児童に関わってから、外国人の子どもの日本語指導担当として市内のベトナム人児童多数在籍校に勤務。現在は姫路市立東小学校教員。姫路市人権啓発センター運営推進委員。「ベトナム・カンボジアの子どもたちと共に」（『解放教育』2001 年 1 月号寄稿）、「ベトナム人の子どもたちの現状」（『多文化・多民族共生教育の原点』明石書店 2008 年共著）。また各種教育関係研究会でベトナム人の子どもの教育課題について報告。

志岐　良子（しき　よしこ）

2005 年より、NPO 法人 神戸定住外国人支援センター（KFC）の外国にルーツを持つ子どもの学習支援コーディネートを担当。KFC は日本語プロジェクト、中国残留邦人帰国者支援、定住外国人子ども奨学金事務局、調査研究事業、民族性に配慮した介護事業などを実施。「外国にルーツを持つ子どもの『学びの保障』がもたらすもの―神戸市における KFC の進学支援の実践から―」（共著、『ボランティア学研究』第 14 号 2014 年）

表紙の絵は、ロニー・アレキサンダーさんの製作です

調査報告・提言書　未来ひょうご　すべての子どもが輝くために
　　　── 高校への外国人等の特別入学枠設置を求めて ──

2015年2月6日発行

　　　　　　　発行者　外国人の子どもの未来を拓く教育プロジェクト
　　　　　　　発行所　ブックウェイ
　　　　　　　　〒670-0933　姫路市平野町62
　　　　　　　　TEL.079 (222) 5372　FAX.079 (223) 3523
　　　　　　　　http://bookway.jp
　　　　　　　印刷所　小野高速印刷株式会社
　　　　　　　ISBN978-4-86584-011-7

乱丁本・落丁本は送料小社負担でお取り換えいたします。　　　　（頒価 1,000 円＋税）

本書のコピー、スキャン、デジタル化等の無断複製は著作権法上での例外を除き禁じられて
います。本書を代行業者等の第三者に依頼してスキャンやデジタル化することは、たとえ個
人や家庭内の利用でも一切認められておりません。